名师名校名校长

凝聚名师共识
回应名师关怀
打造名师品牌
培育名师群体

郑明远题

深度课堂
让思维成长看得见

黄德钦　孙璐◎著

中国出版集团　现代出版社

图书在版编目（CIP）数据

深度课堂　让思维成长看得见 / 黄德钦，孙璐著
. —北京：现代出版社，2023.7

ISBN 978-7-5231-0399-9

Ⅰ.①深⋯ Ⅱ.①黄⋯ ②孙⋯ Ⅲ.①课堂教学—教
学研究 Ⅳ.①G424.21

中国国家版本馆CIP数据核字（2023）第122110号

深度课堂　让思维成长看得见

作　　者	黄德钦　孙　璐
责任编辑	裴　郁
出版发行	现代出版社
地　　址	北京市安定门外安华里504号
邮政编码	100011
电　　话	010-64267325　64245264
网　　址	www.1980xd.com
印　　制	北京政采印刷服务有限公司
开　　本	710mm×1000mm　1/16
印　　张	14
字　　数	241千字
版　　次	2023年7月第1版　　2023年7月第1次印刷
书　　号	ISBN 978-7-5231-0399-9
定　　价	58.00元

目　录

上　篇　理论研究

第一章　深度课堂教学的研究缘起：
思维引领　成就未来

第一节　深度课堂教学的发展脉络 ······················ 3

第二节　深度课堂教学的时代担当 ······················16

第三节　深度课堂教学的现时诉求 ······················28

第二章　深度课堂教学的目标设计：
思维绽放　素养落地

第一节　素养为本的目标设计 ························31

第二节　深度课堂教学的总体目标 ······················42

第三节　目标设计的实施方法 ························54

第三章　深度课堂教学的模式构建：
思维贯通　学思一体

第一节　深度课堂教学的理念及特征 ···················66

第二节　深度课堂教学的模式运作 ···················70

第四章 深度课堂教学的资源支持：
思维共建 分层合作

第一节 分层走班的选课制度 ·················· 83

第二节 研修共同体促进教师专业成长 ·········· 86

第五章 深度课堂教学的评价设计：
思维为本 以始为终

第一节 评价的内容与分类 ·················· 90

第二节 整合性逻辑下的评价设计理念 ·········· 95

第三节 评价的方式 ························· 98

下篇 教学实践

第六章 深度课堂教学设计例选

第一节 数学深度课堂——任意角的定义 ·········· 105

第二节 英语深度课堂——Unit 3 Diverse Cultures
Reading for Writing ·················· 112

第三节 思想政治深度课堂——就业与创业 ········ 119

第四节 历史深度课堂——中国共产党领导下的
新民主主义革命 ·················· 131

第五节 地理深度课堂——降水的影响因素分析 ··· 141

第六节　物理深度课堂——动量守恒定律 ………… 148

第七节　化学深度课堂——原电池 ……………… 156

第七章　深度课堂推广运用例举

第一节　汕尾市林伟华中学 2022 年决胜课堂
　　　　教学比赛评价表 ………………… 166

第二节　汕尾市林伟华中学"深度课堂"视域下
　　　　2023 届高三一轮备考策略汇报评分表 …… 168

第三节　在区域示范、引领、辐射中的运用 ……… 170

附　　录 ……………………………………… 175

参考文献 ……………………………………… 214

上 篇

理 论 研 究

第一章

深度课堂教学的研究缘起：

思维引领　成就未来

第一节　深度课堂教学的发展脉络

一、何谓深度课堂教学

从关注知识的获取到关注能力的提升，已成为全球教育的发展趋势。然而在实际教学中，很多教师忽视了对学生能力的培养，课堂教学缺乏深度，如教学目标的确立背离课标要求，教学内容多为应付考试，教学过程只有教师主导而无学生主体，教学评价单纯依靠考试和测验，教师对于学生学科技能与素养的发展缺乏足够的关注，对情感、态度、价值观以及元认知的关注则更少。因此，以超越表层符号为抓手的深度课堂教学策略应被广泛应用于课堂，立足学科本质，打造教学共同体，重现学科探索过程，帮助学生深度理解学科内容，实现高阶思维能力的培养和发展。

提起深度课堂教学，也不得不提到另一个概念——"深度学习"，事实上，深度课堂教学的研究正是从深度学习研究延伸而来的。1956年，布鲁姆在《教育目标分类》一书中将认知领域由浅至深分为六个层次，即知道、领会、应用、分析、综合、评价。其中知道、领会两个层次涉及的活动主要是简单的提取和机械记忆，属于浅层的学习；应用、分析、综合和评价四个层次则涉及辩证思维、问题解决等相对复杂的活动，属于深层的学习。这种认知理论可以认为是深度学习在教育学领域研究的起源。在布鲁诺认知理论的基础上，安德森进一步将知识分类为事实性知识、概念性知识、程序性知识和元认知知识四类，并把认知过程分为记忆、理解、应用、分析、评价、创造六个层次，其中前两个层次属于低阶思维，后四个层次属于高阶思维。马顿和萨尔乔于1976年在《学习的本质区别：结果和过程》一文中首次在教育学领域中提出深度学习的概念。他们让学生使用两种不同的方法去理解某段文章，一种是单纯的机械记忆，另一种则是尝试理解文章的中心思想和学术内涵，通过对新旧知识的思考迁移来深度把握文章的主旨。研究发现，仅通过机械记忆学习时，对内容的理解是相对浅层的，只有学习者主动地去建构知识，才能实现真正的理解。他们认为，深度学习的学习者追求知识的理解，并使已有知识与特定教材的内容进行批判性互动，探寻知识的逻辑意义，使现有事实和所得出的结论建立联系。结合学者的研究成果，笔者在表1-1-1中对深层学习和浅层学习进行了大致的对比。

表1-1-1　深层学习与浅层学习的对比

对比项目	深层学习	浅层学习
学习目标	进入"应用、分析、评价、创造"的高阶思维阶段，培养核心素养	仅停留在"记忆、理解"的低阶思维阶段，应对考试
学习方式	主动进行知识建构、深度加工、深层理解，能够实现知识的迁移应用	简单重复和机械记忆
学习动机	主动参与、高度投入、乐在其中	被动接受、迫于压力

续 表

对比项目	深层学习	浅层学习
知识体系	以复杂问题为主线，多学科融合，新旧知识关联	单学科、零散化、孤立化
组织形式	整合自主、合作、探究、项目式等学习方式	教师讲授、学生倾听
评价方式	注重形成性评价	注重总结性评价

深度课堂教学是深度学习研究催化下的产物。艾根认为深度学习即知识学习具有充分的深度、广度及关联度，深度学习的过程是一个逐步深化的学习过程，要求教师在教学过程中引导学生应着眼于知识的深层次理解和深度处理，艾根促进了深度学习的研究方向从单一学习技能转向对教学过程关注。从深度学习到深度课堂教学，是教与学的一致性决定的，可以说没有教师深度的引导，就没有学生沉浸式的学习。关于深度课堂教学的概念，目前学术界并无统一标准，随着教育学理论的不断丰富和发展，深度课堂教学的内涵也在不断完善。从知识层面，学者强调通过教师情境化教学活动的引导，突破浅层知识符号，剖析知识内部架构关联；从情感态度与价值观层面，郭元祥等认为深度课堂教学是基于把握知识内在结构，彰显课程教学情感熏陶、思想交流、价值引导功能的教学；从核心素养层面，伍远岳认为深度课堂教学应是理解性的、反思性的和体验性的教学，包含生活经验的联结、知识的深刻解读、核心素养的培养和思想文化的浸润。虽然学者们研究的视角各有不同，但对于某些核心理念的观点是一致的，即深度课堂教学要克服对知识的机械训练的局限性，通过教

学活动的设计，引导学生突破表层符号限制，基于知识内在结构，实现知识的联结，要从知识层次走向意义层次，最终导向学科核心素养。

二、深度课堂教学的研究历程

关于深度课堂教学的研究始于20世纪50年代，在知网上以"深度课堂教学"为主题，选择中英文扩展进行搜索，并对国内外相关论文数量变化趋势进行了汇总（图1-1-1）。可以看到国外关于深度课堂教学的研究起步更早，最早可追溯到1954年，但是蓬勃发展却是在21世纪之后；国内关于深度课堂教学的研究最早在1993年，相较于国外起步较晚，但是论文数量明显更多，2017年之后逐步成为国内教育学领域的研究热点，而该年也正是2017版课标发布的时间，可见随着课改的深入，越来越多的研究者意识到深度课堂教学是落实核心素养的重要抓手。

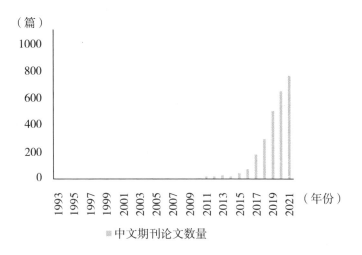

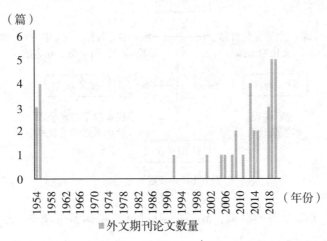

图1-1-1 知网上中英文期刊深度课堂教学主题论文数量变化

（一）国外研究

国外关于深度课堂教学的研究，主要集中在概念、模式、策略三个方面。关于概念的研究主要是从深度学习到深度课堂教学的探索，在上一小节已经探讨过，故此处不再赘述。在深度课堂教学模式方面，Marchesani和Adams提出了四因素模型（图1-1-2）：

① 学生：了解自己的学生，明确来自不同社会和文化背景的学生在课堂中的体验感；

② 教师：认识自己作为一个具有学术社会化经验的人要如何平衡不同的社会文化背景和学习观念；

③课程：创建融合不同社会和文化视角的课程；

④ 教学：开发广泛的教学方法以适应来自不同社会背景的学生的学习风格。

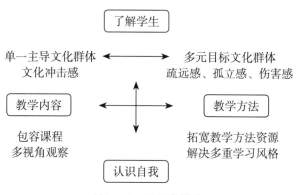

图1-1-2　四因素模型

受实际学情的影响，Marchesani和Adams的教学模型，侧重于实现对不同背景学生的融合式教学，随着信息技术的发展及其与教育学的不断融合，近30年之后，Dewsbury提出了包括自我意识、同理心、课堂氛围、教学方法、网络杠杆在内的五因素模型（图1-1-3）。相较于Marchesani和Adams的模型，Dewsbury考虑到了信息技术在教学中的应用，各因素之间也有一定的纵向联系。可以看到，无论是Marchesani和Adams的模型框架还是Dewsbury的模型框架，都很注重自我反思，但是二者都没有提出用以进行反思的量化标准，也即课堂评价。

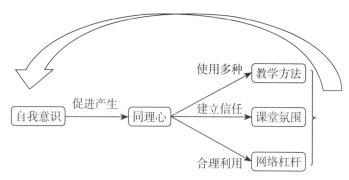

图1-1-3　Dewsbury的五因素模型

在策略研究方面，Jensen和Nickelsen基于教学展开的环节，提出了深度学习的7种策略（图1-1-4），这些策略对于实际教学有一定的指导意义，如：设计标准与课程指出教师要建立课程设计与重要构想、标准之间的联系，提倡实施有关联的单元教学；预评估强调要充分把握学情；准备与激活先期知识则是通过提问或者构建学习共同体等方式，引导学生进行主动建构，实现知识的联结；深度加工知识环节将学习层次由浅入深分为为觉知而加工、为分析和综合而加工、为应用而加工、为同化而加工四个环节，教师应根据不同的层次设计不同的教学活动；评价则是包含教师对学生教学目标掌握情况评价、教师对学生日常课程的评价、学生的自我评价及互评的三向体系。

深度学习路线

设计标准与课程 1	预评估 2	营造积极的学习文化 3	预备与激活先期知识 4	获取新知识 5	深度加工知识 6	评价学生的学习 7

图1-1-4　深度学习路线

关于深度课堂教学策略，其他学者也针对不同角度进行了研究，如Smith等侧重于教学评价。他们提出，为促进学生深度学习，一方面，教师应通过参与专业研讨或与同事的交流，理解深度学习的本质以及如何评价学生是否实现深度学习；另一方面，基于SOLO（Structure of the Observed Learning Outcome，可观察的学习结果的结构）理论，构建合适的问题和任务，检查教学和学习，并对评价结果进行反思。Gunderman则侧重于问题式教学，他提出在教学评中嵌入有深度的问题，同时他也指出了有深度问题的判断标准，即有趣、能启发学生对主题进行深度思考、能促进学生加深对重要知识的理解，鼓励提出开放性问题。Wilson强调深度课堂教学注重价值观的塑造，教师在教学中要赋予情感，帮助学生领悟知识深层的意义和价值。Ergas认为要关注实践和学生的注意力分配。

国外关于深度课堂教学的研究，虽然数量不算广泛，但具有一定的深度，其研究思路与部分研究成果值得我们参考学习，但必须注意，国外的学情与国内的学情存在较大的差异，因此国外的研究成果难以直接搬运至国内，仍然需要我们自身进行思考与改进。

（二）国内研究

国内学者对于深度课堂教学的研究，主要围绕深度课堂教学的特征、理念内涵、策略研究三大方向展开。

在深度课堂教学的特征方面，郭元祥老师从学生角度提出，深度课堂教学应当把知识观和学习观的重建作为根本基础，深度课堂教学不在于一味提升知识的难度，而是在理解知识潜在联系和逻辑的基础上进行加工处理，引导学生体会学科思想和潜在价值，将学科核心素养的培养落到实处。基于此，知识观基础包含知识的性质、结构、理解以及知识的条件四个方面；学习观基础包含学习丰富性和多彩性、沉浸性学习与学习投入三个方面。因此，深度课堂教学的实现离不开学生对知识的解读，也离不开学生对学习的全方位投入。伍远岳等从知识的角度提出，深度课堂教学的特征有"三性"：理解性、反思性、体验性。深度课堂教学的"深"不仅体现在知识结构，还体现在知识迁移，实现深度课堂教学需要实现二者的一体化。黄清辉等学者从教师角度提出，认为深度课堂教学的顺利实施，取决于教师学科教学知识的厚度，教师本身要有深厚的知识底蕴，但不能仅停留在对知识的把握上，更要探寻知识的本质，引导学生建构知识网络。

在深度课堂教学的理念内涵方面，深度参与、完整知识、深度学习是较为主流的代表性论点。深度参与论提出，要践行深度课堂教学，就必须改变以往讲授式为主的教学方法，实现教学过程的大转型，要以"学"为中心，实现"深度参与"和"深刻把握"。其中，"深度参与"立足于过程，强调学生学习除了依靠识记和理解，还需要参与实验、操作、分析、反思、批判等基本活动。"深刻把握"则立足于结果，要求学生要突破表层的知识符号，领悟知识背后的思维、思想、方法、价值及意义。完整知识论认为，知识不是一种客观存在，而有其价值立场，存在主体视野和过程取向，因此，知识的本质并非符号表征的绝对真理，而是符号、思维和意义的统一体，深度课堂教学要全面认识知识的教育价值，要突破符号限制，深入知识的思维和意义。深度学习论认为，深度学习是深度课堂教学的目的和立足点，深度课堂教学的核心在于促进学生深度学习，有别于浅层学习、机械学习，深度学习即学生在教师的引领下专注于挑战性的主题，积极投入，体验成功，获得快乐并发展高阶思维和处理复杂情境问题的有意义学习过程。

在深度课堂教学的策略研究方面，郭元祥于2009年提出了丰富性教学（Richness teaching）、回归性教学（Recursion teaching）、关联性教学（Relations teaching）和严密性教学（Rigor teaching）的4R教学理论。丰富性教学强调一是要从多维度把握教学目标，二是要处理好知识内部各要素以及不同知识之间的关系；回归性教学也可以称作反思式教学，指在学习知识的同时，把学习的意义指向自我；关联性教学注重密切联系社会背景与学生经验，加强知识间内在联系，从而增强对知识的理解，倡导教学回归生活世界；严密性教学指出教学不能仅停留于经验和直观层面，教学中要做到理性化与及时反思。在2015年的论文中，郭元祥老师对深度课堂教学的策略做了进一步凝练，提出深度课堂教学的核心策略是过程性策略，具体包含三个方面：理解性教学，教学的基本出发点是为理解而教，学生对于知识不能只满足于对表层符号的占有，更要理解其表征的事物本质、规律、价值、意义、思想、方法、情感态度；问题导向，以问题启发学生感受和体验知识的思想与方法，引导学生形成学科知识结构，掌握解决问题的核心策略；回应性教学，关注学生，将知识与学生现实生活建立联系，引发学生的反思。在此基础上，其他学者也进行了许多关于策略方面的研究，并提出了项目式教学、主题式教学、情境化教学等相对具象化的教学策略，如：李松林基于课堂教学的基点，提出深度课堂教学的四个基本命题，即反思式教学、对话式教学、阶梯性教学、理解性教学；陈琳从培养学生核心素养的角度，提出自主化策略、情景化策略、活动化策略、意义化策略四大深度课堂教学策略。虽然研究者众多，但各学者在某些核心观点上具有高度一致性，即强调深度课堂教学不能局限于知识教学，更要通过系列教学活动实现学生能力和素养的提升。

在深度课堂教学的模式研究方面，张晓娟等以DELC（Deeper Learning Cyde，深度学习周期）线路和杜威的U型学习为基础，结合课程环节顺序，提出了包含评估前结构、预设课程、构建学习共同体、创设学习情境、丰富课程履历、检测与评价的教学模式；彭涛等人基于学习分析技术，提出包含MOOC（Massive Open Online Courses，大型开放式网络课程）自主学习、学习分析、课堂深度教学和课后深度反思四阶段的深度课堂教学模式。可以看出，涉及教学模式的研究，尽管表述不同，但核心逻辑一致，即包含课前学情评估、教材内容再创、教学环节设计、课堂效果评价等几个环节。

结合国内外学者的研究可见：

（1）关于深度课堂教学的内涵，学者已经达成部分共识，即深度学习要突破表层符号限制，在理解学习的基础上，批判性地学习新的知识和思想，能厘清并整合知识结构，实现知识在新情境中的迁移，做出决策和解决问题。另外，深度课堂教学的内涵不是完全固定的，随着教育学的发展，深度课堂教学的内涵也在不断延伸。

（2）关于深度课堂教学的策略，要关注学习过程，组织学习共同体，引导学生进行知识建构，联系真实情境，促进学生不断反思；问题导向，启发式教学；理解知识背后的意义和价值。然而策略相关的研究目前仍然是以理论层面为主，涉及实践层面的具体教学策略研究还不甚广泛。

（3）关于深度课堂教学的模式探索，国外学者更侧重自我反思及课程设计，而国内学者一般都会关注学情调研、内容选择、活动设计、课堂评价、课后反思几个方面。

三、深度课堂教学的理论基础

深度课堂教学发展涉及的教育学理论有教育目标分类理论、学习进阶理论、最近发展区理论、建构主义理论等，在此对这些理论进行简要概括：

1. 教育目标分类理论

该理论由美国教育家布鲁姆提出，将教学过程中学生应该达到的教学目标按照认知领域、情感领域和动作技能领域三个方向进行划分，其中认知领域的目标由表及里又按六个层次进行划分，表明学习结果的达成度具有深层和浅层之分。

2. 学习进阶理论

美国国家研究委员会在2005年提出了学习进阶理论，认为学习是逐渐累积的过程，而在这个过程中学生对学习内容的理解会出现不同的中间水平层级，通常呈现为围绕核心内容展开的由简单到复杂、由宏观到微观相互关联的知识或程序序列。而在深度课堂教学中核心概念的学习进阶即强调把主干知识的发展路径展现给教师和学生。

3. 最近发展区理论

该理论由苏联教育学家维果茨基提出，认为教学应关注学生在学习过程中存在现有水平和潜在水平两种发展水平，而这两种水平间的差距即最近发展区。因此，在学科的深度课堂教学中，要综合运用各种恰当的教学手段引导学生突破自身的"最近发展区"，使其知识水平和思维能力得以进一步发展。

4. 建构主义理论

该理论主张，教师在一定教学情境下做好组织和指导工作，帮助学生发挥自身创造性，促使学生不断与学习环境进行互动，从而对知识产生深层理解。在该理论指导下的深度课堂教学要求教师创设合理情境，引导学生建构知识，促进学生发展。

5. SOLO分类理论

Biggs和Collis认为学生学习经历是从量变到质变的过程，在皮亚杰认知发展理论的基础之上，他们将认知阶段性思想转化到具体的学习任务中，从学生回答问题时的反馈，判断学生思维结构层次，从学习结果在结构上的复杂程度，评判学生的学习质量。较高层次表现为能够建立连贯一致的内容整体；最高层次表现在形成抽象思维体系，产生猜想并创造性地解决问题。

第二节　深度课堂教学的时代担当

一、社会发展的需要

经济全球化促进了资本和技术在全球范围的流通，极大地促进了社会的发展与进步，工业4.0时代的到来，令我们的生活发生了翻天覆地的变化，物联网、云计算、人工智能、虚拟现实，种种技术的普及让我们的生活更加便捷，但同时，经济全球化的背景也加剧了地区之间经济的不平衡，国际竞争日趋激烈，而教育始终是决定一个国家竞争力的基础因素。具体到个人层面，新技术的产生也对21世纪的人才提出了更高的科学素养要求，想要跟上社会发展的趋势，有效应对未来的各种挑战，就需要通过教育发展必要的、关键的素养，更高的科学素养帮助人们在生活中做出合理正确的决策，为人们的终身学习提供支持，使人可以为个人的发展乃至社会的进步做出贡献。在全球经济竞争的冲击下，各国都在思考如何结合时代要求对教育进行调整和改革，培养什么样的人，为谁培养人，怎么培养人已经成为各国基础教育发展的全球性议题，从关注知识到关注能力和素养，是全球基础教育发展的大势所趋。已有许多国家颁布了教育改革的相关政策，并在此过程中表现出了许多相似的政策趋势，如课程标准从明确的知识内容标准转向更普遍的、以能力和素养为基础的方法标准，教学中更强调学习者的中心地位，给予教师和学校更多开发与实施课程的自主权。

近年来，在教育研究领域，"核心素养"成为一个非常热门的词语，甚至可以算得上教育深层变革的"顶层建筑"。核心素养指学生应具备的适应终身发展和社会发展需要的必备品格和关键能力，核心素养的发展与教师成长、课程改革、学生培养等一系列教育问题密切相关。

"核心素养"最早见于世界经济合作和发展组织（Organization for Economic Co-operation and Development，简称OECD）和欧盟理事会的研究报告中，世界经济合作和发展组织于1997年牵头开展了"素养的界定与遴选：理论和概念基础"（Definition and Selection of Competencies: Theoretical and Conceptual Foundations，简称DeSeCo）研究项目，该项目旨在界定素养概念，开发测量工具，并为后续研究提供全面的理论和实践基础，出版了系列研究报告，如2001年出版《确定与选择核心素养》论文集，2003年发表项目最终报告《指向成功生活和健全社会的核心素养》，2005年发表《核心素养的确定与选择：执行概要》，基于社会心理学角度选择核心素养并确定具体内容，以实现个人成功生活和发展健全社会为基础构建了核心素养框架，该框架包含能互动地使用工具、能在异质社会团体中互动、能自主行动三个维度的九项具体素养（表1-2-1）。

表1-2-1　OECD核心素养框架

素养分类	互动地使用工具	在异质社会群体中互动	自主行动
关键素养	互动地使用语言、符号及文本	与他人建立良好的关系	在复杂的大环境中行动
	互动地使用知识与信息	团队合作	形成并执行个人计划或生活规划
	互动地使用技术	管理与解决冲突	保护及维护权利、利益、限制与需求

在该项目中并未出现核心素养这一描述，但受该项目的影响，欧盟的一个研究小组于2002年在其研究报告《知识经济时代的核心素养》中首次使用了"核心素养"（Key Competencies）这一概念，他们认为核心素养是一系列知识、技能和态度的集合，它们是可迁移的、多功能的，是每个人发展自我、融入社会及胜任工作所必需的。2006年12月，欧洲议会和欧盟理事会通过了关于核心素养的建议案，标志着包含母语沟通能力、外语沟通能力、数学与科学技术素养、信息素养、学习能力、公民与社会素养、创新与企业家精神以及文化意识和表现的八大核心素养体系最终版本正式发布（表1-2-2）。欧盟核心素养理念并没有排斥母语、外语、数学与科学技术素质等传统意义上的知识技能，但它并不止步于知识技能，而是更强调使全体欧盟公民具有终身学习的能力，有跨学科、综合性更强的能力。从框架的内容、目标可以看出，这一框架的主旨是为终身学习服务。

表1-2-2　欧盟核心素养框架

具体领域素养	通用素养
母语沟通能力	学习能力
外语沟通能力	公民与社会素养
数字与科学技术素养	创新与企业家精神
信息素养	文化意识和表现

美国的核心素养框架更关注21世纪职场技能的需要。美国的核心素养体系也被称为"21世纪技能"（21st century skills），2002年，美国21世纪核心素养的领导组织——21世纪核心素养联盟（Partnership for 21st Centuny Skills，P21）成立，P21组织开发了21世纪学习框架［图1-2-1（a）］。该框架包含学生培养目标和支持系统，其中学生培养目标包括学习和创新能力，生活和职业技能，信息、媒体和技术技能。支持系统包括标准与评价、课程与教学、教师专业发展、学习环境。在长期的实践探索以及与其他机构的合作研讨中，这一框架也在不断演变，目前形成了包含审辨思维（Critical Thinking）、创新素养（Creativity）、沟通素养（Communication）、合作素养（Collaboration）、文化理解与传承素养（Cultural Understanding and Inheritance Competence）的21世纪5C模型［图1-2-1（b）］。

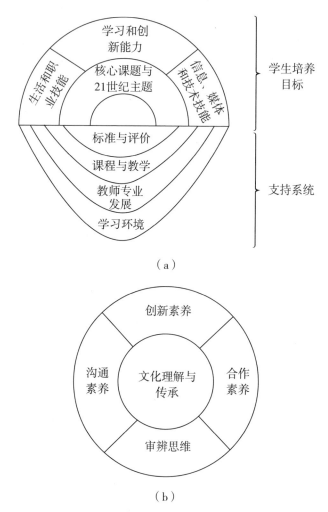

（a）

（b）

图1-2-1 美国21世纪学习框架（a）和5C模型（b）

俄罗斯于2001年1月发布《普通教育内容现代化战略》，其中提出素养是教育实施的重要导向，素养不仅包括认知、操作和技术层面，还涉及动机、道德、社会和行为层面，是学习成果（知识与能力）、价值取向体系和生活习惯的综合。素养形成于教育，但不局限于学校，学生生活的环境对素养的形成至关重要，因此俄罗斯的核心素养框架重视公民日常生活和文化休闲质量，包括自主认知、公民团体、社会劳动、日常生活、文化休闲（表1-2-3）。确立核心素养概念后，2010年，俄罗斯发布《国家基础教育普通标准》，进一步从个性修养、通用学习能力、学科学习成果三个方面规定了对学生学习成果的要求，此后，通过开发与能力教育相关的课程，革新教师人才培养模式，教育改革逐渐深入。

表1-2-3　俄罗斯核心素养框架

素养分类	关键能力
自主认知	能够从校内外的各种信息来源获取知识的能力
公民团体	能履行公民、选民和消费者的相应角色
社会劳动	分析劳动市场情况，评估自身就业机会，处理劳动关系中的伦理与道德问题，以及自我管理的能力
日常生活	涉及个人健康和家庭生活的各个方面
文化休闲	利用闲暇时间丰富个人精神文化生活的能力

新加坡的核心素养体系（图1-2-2）则将价值观摆在十分凸显的位置，政府通过对21世纪劳动需求的分析，提出了建设"思考型学校和学习型国家"的愿景，并提出培养充满自信的人、能主动学习的人、积极贡献的人和心系祖国的公民4个理想的教育成果，其核心素养框架由内到外共包含核心价值、社交及情商能力、21世纪技能三部分，核心价值位于中心位置，也是素养框架中的核心与决定性因素，决定了能培养出怎样的社交及情商能力，进而决定需要有哪些21世纪技能，最终实现政府提出的4个理想教育成果。

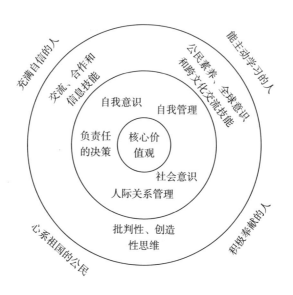

图1-2-2　新加坡核心素养框架

我们到底有没有实现学生素养的培养？这很难用一个量化标准精准评判，但目前国际上有一项影响力很高的测试标准，可以给我们用于大致的参考，这就是世界经济合作与发展组织于2000年启用的针对全球15岁学生学习水平的国际学生评估计划（Programme for International Student Assessment，PISA），PISA每3年举办一次，通过试题评估学生在阅读、数学、科学和财经（2012年新增）方面的知识和技能。PISA是目前世界上最全面、最可靠、规模最大的学生能力指标，是横向比较各国教育质量、公平和效率的首要标准，经过多年的发展，PISA已成为各国促进教育改革、调整教育政策的重要依据，以下为PISA的部分例题：

【例1】全球气候变暖会造成一部分冰川融化，约在冰川消失的十二年后，微小的植物——地衣，会开始在岩石间生长。地衣生长的形式犹如圆圈一般，圆圈的直径与地衣年龄之间的关系可用下列公式来表示：$d=7\sqrt{t-12}$（$t \geq 12$），其中d表示地衣的直径，（单位：mm），t代表冰川消失的时间（单位：年）。

问题1：利用公式，算出冰川消失后16年的地衣直径。写出你的计算方法。

问题2：安安测量出某地区地衣的直径为35mm。请问该地区的冰川是多少年前消失的？写出你的计算方法。

【例2】来自新加坡的美玲准备前往南非做3个月的交换生，她需要将新加坡元（SGD）兑换为南非兰特（ZAR）。

问题1：美玲发现两国间的货币汇率为：1 SGD=4.2 ZAR，以此汇率，美玲将3000新加坡元兑换成南非兰特，可兑换多少南非兰特？

问题2：3个月后，美玲回到新加坡，身上还有3900南非兰特，她想兑回新加坡元，此时两国间的汇率为1 SGD=4.0 ZAR，美玲可以兑换多少新加坡元？

问题3：在这3个月期间，汇率从每1新加坡元兑换4.2南非兰特，变为兑换4.0南非兰特，此时以这个汇率换回新加坡元，对美玲而言是否有利？

可以看出，PISA致力于考查青少年是否具备未来生活所需的知识和技能，是否为终身学习奠定了良好的基础。在题目的具体设计中，往往都有一个实际生活的情境，考查学生是否有解决真实场景问题的能力；在呈现方式上，多以一个主题为单元，展开连续的设问；在题材选择中，也会考虑到不同学科之间的交叉融合。

PISA测试的价值在于，通过收集各国的数据，彼此取长补短，从全球视角为未来教育的发展提供参考。中国代表队PISA测试成绩一贯表现优异：2009年、2012年，均由上海代表队代表我国参与测试，成绩位列全球第一；2015年，由北京、上海、浙江和广东组成四省市联队参加测试，成绩位列全球第十；2018年，由北京、上海、浙江、江苏组成联队参加测试，阅读、数学和科学三项测试成绩均是全球第一。但是数据背后，也暴露出一些问题：一是教育公平的问题，可以看到代表我国参与测试的队员均来自教育发达的东部地区，2015年加入广东和浙江省，成绩就有了较明显的波动，这表明我国教育失衡情况仍然存在，即便是参与测试的四省市内部，城乡师资力量差异也比较大，从2018年数据来看，我国四省市师资短缺指数为0.75（1代表非常短缺），高于平均水平，但其中城市师资短缺指数仅为0.44，而乡村师资短缺指数达到0.98，城乡师资力量差异巨大；二是学习时间较长，中国学生阅读成绩第一的同时，每周学习时长也毋庸置疑是最长的，超过55个小时，如何让学生在更短的时间内达到更好的学习效果，仍然是我们需要思考的；三是从事科学相关职业的倾向较低，2018年参与测试的中国学生想要成为科学和工程专业人士的比例，男生约15%，女生不足10%，远低于世界经合组织调查国家的平均水平。

二、公民发展的需求

素质教育强调一切为了每一位学生的发展，人的全面发展显然不仅仅局限于知识的掌握，更在于能力的提升。有别于灌输式的传统教育，深度课堂教学对学生自主构建知识、科学思维的养成、情感教育的落实等具有重要意义，具体表现为以下几个方面：

有利于学生自主地构建知识。在以教师讲授为主的传统课堂中，学生难以对知识进行整体把握，更难以理解知识背后的意义，而在深度课堂教学理念下，学生在教师的引导下，化被动为主动，根据自己的兴趣，从自己的生活和经验出发，在自主的学习和实践中积极主动地构建知识，成为知识构建的主体。知识只有对学生的人生和发展有积极意义，学生才认为该知识对自己有价值，这时知识的"自我构建"才变成可能。

有利于学生科学思维的养成。教学不仅要教给学生知识，也要实现学生思维水平的提高；不仅要让学生掌握课堂上提出的某个问题，更要让学生学习解决一类问题的方法，培养学生认识问题、分析问题、解决问题的思维和能力。深度课堂教学通过创设与学生紧密联系的真实性情境，让学生从中发现问题并通过合作探究归纳出解决问题的方法，让学生像科学家一样去探索，用辩证的、发展的、联系的、全面的观点看问题，培养学生的发散性思维和创新思维。

有利于学生情感教育的落实。只有学生在情感上认同，知识才能转化为自身的修养。深度课堂教学要求教师为学生创设和谐的教育环境，处理好知识与情感之间的关系，在真实情境中通过与学生的互动激发学生的兴趣，增强学生积极的情感体验，进而引导学生树立正确的价值观念、关键品格和关键能力。

三、国家政策的支持

党的十八大报告指出，"把立德树人作为教育的根本任务，培养德智体美全面发展的社会主义建设者和接班人"。2014年3月，教育部颁布《教育部关于全面深化课程改革落实立德树人根本任务的意见》，象征着我国以"立德树人"为根本任务的基础教育改革已经进入了一个全新的阶段。

我国基础教育的改革与国际教育变革趋势趋于一致。教育部2013年颁布的《普通高中课程标准（实验）》，引领了近十年来普通高中课程改革的实践，建立了满足时代发展需求的普通高中课程体系，改变了陈旧的教育教学观念，促进了优秀人才的培养，提高了全体教师的科学素养和专业素质，加快了考试评价系统的变革，为当今素质教育的蓬勃发展贡献了巨大的力量。然而，随着社会、经济、文化的发展以及人们生活水平的不断提高，随着社会主义新时代对国民教育和人才素质培养的需求变化，以及当前高中教育逐渐普及的新形态，普通高中课程标准实验稿应及时顺应时代转变并做出相应的改进。

2013年教育部启动的修订深入总结十多年来我国普通高中课程改革的宝贵经验，积极吸取国外课程改革的卓越实践经验，并结合目前国内高中教育教学的实际情况，将普通高中课程标准构建成具有国际高瞻性和中国教学特色的高中课程体系。我国普通高中教育是进一步提高国民素质的教育，是面向大众的基础教育。普通高中教育的任务是促进学生全面发展、个性发展，不断提升学生综合素质，重点是发展学生的学科核心素养，使学生具有坚定的理想信念和强烈的社会责任感，具有科学文化创新素质和终身学习能力。

2017年，教育部印发的《普通高中课程标准》凝练学科核心素养，阐明了课程对学生学习的影响，即应达成的目标有形成正确的价值观念、拥有多方面优秀的品格、具备解决问题的关键能力，同时对三维目标进行了综合和发展。新课程标准从核心素养的维度出发，对课程内容提出了新的要求，对教师的教学设计给予了明确的指导，对教材的编写提出了建议并创设了学业考试评价体系；教学内容有了新动态，注重以概念为重心，以主题为引领，使课程内容结构化、情境化，促进学科核心素养的落实；研制学业质量标准，明确了学生完成学习任务后，学科核心素养应该达到的水平，各水平的关键表现构成评价学业质量的标准。

第三节　深度课堂教学的现时诉求

一、课堂教育面临的问题

核心素养是帮助个体适应21世纪社会要求与实现全面发展的必备品格和关键能力，是个体实现终身学习、提升综合素质的前提和必要保证，亦是国家实现教育变革的总纲和方向，可以说从关注知识的获取到关注能力的提升，已成为全球教育的发展趋势。近年来，为了推动核心素养的培养，各地针对课堂教学也进行了较多的探索和尝试，然而效果仍然是不尽如人意：部分学校虽然有开展各式各样的教学活动，但是活动内容流于形式，仅在公开课上做一些探索创新，在日常授课中仍然坚持以往的讲授式教学；部分教师会尝试使用一些创新教学方法，但在实践中却把创新教学当作目的，忽略了培养学生核心素养这一关键要求，导致所谓的创新更多停留在对教学流程和方式上的创新，所谓的效果也更多是学生知识获取效率的改变而非能力的提高，无法从根本上解决问题；在课堂授课上，大部分教师对概念的讲授过于表面，对于容易理解、非考试重点的概念只是一带而过，对于较为抽象的概念，教师很少提供足够的情境让学生感受理解，而是通过大量的习题巩固概念知识，此外，由于概念穿插在教材的各个章节，学生自身缺乏归纳概念的能力，学生学到的知识呈碎片化的特点，难以形成完整的概念网络体系。

在这样的教学现状下，教师急需转变教学方式，激发学生学习的积极性，提高学生学习的效率，与新课程标准的基本理念相适应，从学科核心素养出发，帮助学生构建学习的知识脉络，促使学生的逻辑思维能力得到发展，积极促进学生学习方式的转变，培养学生学习的兴趣，不断提升学生科学素养，培养学生的创新精神与实践能力。

二、核心素养落地的途径

目前课改中遇到的系列问题，根源还在于教师忽视了核心素养的培养，课堂教学缺乏深度。核心素养的内涵除了核心知识、核心能力，还有核心价值，基于学科的课程教学并非以上三者的简单叠加，而是需要教师做到以下几点：从素养的高度对于教学目标进行重新定位，对教学活动进行合理的设计与安排；为素养而教，培养学生多角度看待问题的思维方式，培养学生对知识迁移运用的能力；用学科育人，在深度理解学科内容的基础上，重温学科发展历程，重现学科探索画面，实现学生高阶思维能力的发展和进步；落实知识的教育价值，核心素养中提到的个体修养、家国情怀、自主发展、创新实践的培养与知识的自我意识性教育价值和实践性教育价值密不可分，而深度课堂教学理念把教学视角从浅层符号转向思维能力和价值观念，注重培养学生的能力、品质、思维以及正确的价值观念。深度课堂教学倡导教师借助一定的情境引领学生突破表象，进入知识内在的逻辑形式和意义领域，从知识的内在构成来理解知识教学的丰富价值，从而形成相应的价值观，因此，从这一角度而言，深度课堂教学仍是落实核心素养的有效路径。

第二章

深度课堂教学的目标设计：

思维绽放　素养落地

第一节 素养为本的目标设计

一、教育目标认知的三次飞跃

教育学领域对教育目标的认知经历了从一维到二维、从二维到三维的两次飞跃，马扎诺等学者进一步提出的从"框架式"目标到"模型式"目标的转变，实际上可以认为是教育目标认知的第三次飞跃。

1. 从一维目标到二维目标

布鲁姆在1956年出版的《教育目标分类学》中，提出认知目标是目标设计中最为核心的内容。在认知领域，由浅至深划分为知识、领会、应用、分析、综合、评价六个目标层级（图2-1-1），其中知识和领会属于较低层级目标分类，应用、分析、综合、评价属于较高层级目标分类，这一理论在教育学领域引起了巨大的反响，也成为教育学领域目标设计的基础。

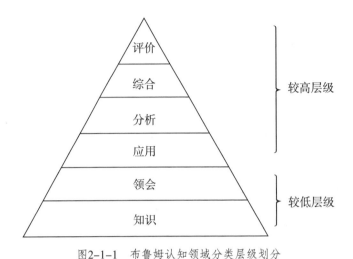

图2-1-1　布鲁姆认知领域分类层级划分

　　《教育目标分类学》出版45年以后，以安德森为代表的三位课程数学专家及以梅耶为代表的三位心理学家领衔成立了跨领域研究专家组，联合经验丰富的中小学教师，对布鲁姆的教育目标分类进行修正，出版了《学习、教学和评估的分类学》一书。安德森等学者认为，认知目标的研究不能局限于对认知层级进行修正，更应关注对于认知类型进行区分，安德森在布鲁姆认知层级的基础上，将认知层级的内容修订为记忆、理解、运用、分析、评价、创造，同时还增加了知识分类这个维度，并将知识分为事实性知识、概念性知识、程序性知识、元认知知识（表2-1-1）。埃里克森认为安德森对事实性知识和概念性知识的区分，是认识上的一次飞跃，但他认为二者并非处于同等地位，概念性知识是从事实性知识中抽象出来的，是学习的核心目标，从这个意义上来说，概念性知识应该处于更高位。

表2-1-1　安德森的二维目标分类学

知识维度	认知过程维度					
	1.记忆	2.理解	3.运用	4.分析	5.评价	6.创造
A.事实性知识						
B.概念性知识						
C.程序性知识						
D.元认知知识						

2. 从二维目标到三维目标

埃里克森和兰宁认为，无论是陈述性知识（关于"是什么"的知识）还是程序性知识（关于"怎么做"的知识），最后都能统一到概念的理解，即概念可以将知识和技能组织起来，由此提出了KUD三维目标模式（图2-1-2），知道（Know）、理解（Understand）和做（Do），其中知道的是"事实"，做的是"技能"，理解的是"概念"。KUD模式认为，概念是学习的核心，借助对事实的了解，才能理解概念，也只有理解了概念，才能更深入地知道和做。

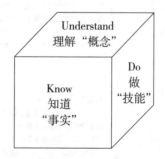

图2-1-2　埃里克森的KUD三维目标模式

实际教学中，我们面对的知识较为广泛，因此我们有必要对教学内容做出选择，威金斯等提出了一个确定次序的框架（图2-1-3），该框架由三个嵌套的层级组成，外面两层为最内层提供支撑。威金斯以统计学为例进行说明：最外层是需要熟悉的知识，学生只需知晓即可，如所有不重要的专有名词；中间层是需要掌握和完成的重要内容，这一层是支撑大概念形成的重要的知识、技能和概念，如不同的统计公式和技术、数字分布图等；最内层是单元中最为核心的大概念，如统计学能用于揭示也能用于掩盖，统计分析中经常被证明有用的模型等，大概念也有相应的核心任务，如在不同的真实情境中，选择合适的集中量数。与之对应，威金斯等将预期学习结果也分为三层，即掌握知能、学会迁移、理解意义，其中掌握知能指向知识与技能，学会迁移指向知识的应用，理解意义指向大概念，理解意义是最关键的一层，它统摄着掌握知能，也是实现迁移的前提。

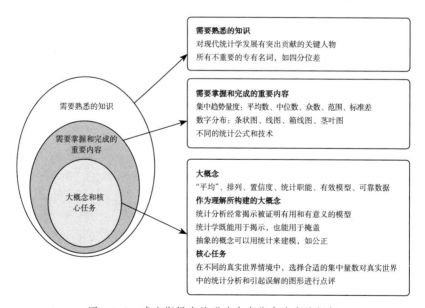

图2-1-3 威金斯提出的明确内容优先次序的框架

3. 从框架到模型

所谓框架，指提出了若干维度的目标，但不同维度之间相互并列，没有结构化的关系。如布鲁姆的教育目标分类理论其实也涵盖了认知、情感、动作等多个领域，但是各个领域之间缺乏关联，在马扎诺等看来，这只是提供了一个框架，而非模型。

马扎诺等从行为的角度梳理了不同维度之间的关系，他们构建了一个由三个系统（自我系统、认知系统、元认知系统）和知识组成的模型（图2-1-4），他们认为当新任务来临时，首先激活的是自我系统，来判断学习者投入的程度，其次激活元认知系统，帮助学习者设定学习目标、方式和策略，最后启动认知系统加工相关信息，获取相关知识。

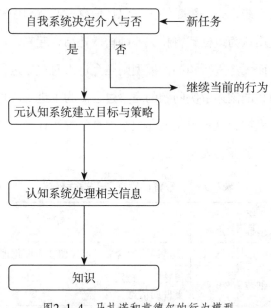

图2-1-4 马扎诺和肯德尔的行为模型

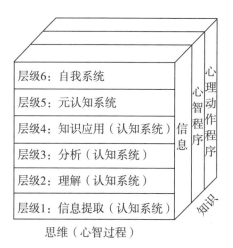

图2-1-5 马扎诺和肯德尔的教育目标模型

基于行为模型，马扎诺等又构建了一个教育目标二维模型（图2-1-5），其中一维是心智过程，即思维，包含认知系统、元认知系统及自我系统，另一维是知识，包括信息、心智程序和心理动作程序。马扎诺认为，框架将相关原则松散地结合起来，可以对现象进行描述，而无法进行预测，模型则是允许人对现象进行预测的系统，因为模型能阐述解决问题的完整过程。为了进一步理解马扎诺的教育目标模型，这里引用河北大学教育学院崔佳老师对每个维度下指标含义的解释（表2-1-2）。

表2-1-2 教育目标模型各指标描述

维度	一级指标	二级指标	三级指标	解释
知识	信息	细节	词语	知道词语的含义，但停留在表面化理解上
			事实	传达关于特定人、地点、生命体、非生命体、事件的信息
			时序	发生在两个时间点之间的重要事件

续表

维度	一级指标	二级指标	三级指标	解释
知识	信息	事理	延拓	概括，可以用实例支持的一类观点，如人的特点
			规则	对特定事物关系的描述，含因果或相关关系
	心智程序	技能	单一规则	一般是"如果……那么……"的结构
			算法	一般是固定的心智程序，如解方程的步骤
			要领	一般指不需要按特定顺序执行的步骤
		流程	宏程序	指复杂的、包含各种子过程的程序
	心理动作程序	技能	基础性程序	一般指基本的身体动作技能，如肢体运动速度、手指灵活性、精准控制身体等
			简单组合程序	多套并行的基础性程序组合，如自由投篮包含腕—指速度、精准控制和手—臂—手的稳定性
		流程	复杂组合程序	多套简单组合程序的组合，如打篮球时的防卫动作涉及用身体半蹲的姿势进行侧向移动以及挥手等组合
思维	自我系统		重要性检查	判别知识的重要性及其依据
			效能感检查	判别提高对知识的理解或应用能力的信念及其依据
			情绪反应检查	判别对知识的情绪反应及其原因
			动机检查	判别理解知识和提高应用能力的动机水平及其原因
	元认知系统		目标设定	确立一个与知识有关的目标和完成目标的计划
			过程监控	监控与知识相关的具体目标的执行情况
			清晰度监控	确定他们是否能够清晰地理解知识
			准确度监控	确定他们是否能够准确地掌握知识
	知识应用		决策	运用知识来做决定，或做出关于知识的决定

续 表

维度	一级指标	二级指标	三级指标	解释
思维	知识应用		问题解决	运用所学知识去解决问题，或解决关于知识的问题
			试验	运用知识提出和检验假设，或提出和检验关于知识的假设
			调查	运用所学的知识进行调查，或对知识进行调查
	分析		识别	识别各个知识点之间重要的相似点和差异点
			分类	识别知识的上位类别和下位类别
			差错分析	识别知识呈现或使用中的错误
			拓展	在知识的基础上构建新的延拓或规则
			导出	识别知识的具体应用或逻辑结果
	理解		整合	识别知识的基本结构，区分关键特征和非关键特征
			符号化	建构知识的准确符号表征，区分关键的和非关键的成分
	信息提取		再认	能再认信息的特征，但不一定能理解知识的结构或区分关键与非关键的成分
			回忆	能回忆信息的特征，但不一定能理解知识的结构或区分关键与非关键的成分
			执行	执行程序没有重大差错，但不一定能理解该程序是如何运作的和为什么这样运作

　　马扎诺提供的教育目标模型，为我们提供了对于目标理解的新思路。正如刘徽老师在《大概念教学：素养导向的单元整体设计》一书中所说，教育目标模型指向素养，而素养又建立在认识之上，所以教育目标模型相当于借助行为模型将情感维（包括对世界、自我和他人的情感、态度与价值观）、认知维（包括对世界、自我和他人的认识）和技能维（在现实世界中的行动）有效整合起来。

二、国内教育目标形态转变：从"双基"教学到核心素养

经过四十余年的变革，我国的教育理念经历了从"双基"教学到三维目标再到核心素养的变化发展：1978年后，全日制十年制中小学教学计划、各科教学大纲和教科书先后出台，各学科都强调"双基"教学，即注重基础知识、基本技能；2001年启动新课改，提出知识与技能，过程与方法，情感、态度与价值观三维目标，各科开始关注学习方式和学习能力、价值观等品质的发展；进入21世纪，各国都在探索21世纪要培养什么样的人的问题，2015年教育部提出了核心素养体系这个概念，2016年涵盖1个核心、3大维度、6个核心要素、18个基本要点的核心素养总体框架出台。从"双基"教学到三维目标，再到核心素养，是教育目标形态从知识本位到以人为本的螺旋式提升过程。

"双基"教学核心思想是重视基础知识和基本技能的教学。从某种程度上来说，"双基"教学模式可以实现教师对课堂的高效控制，着重培养学生的记忆能力以及基本技能，但这一时期的教学也出现了大量的灌输式教学、题海战术练习，学生难以发挥主体作用，能力也难以得到培养。

新改革提出的三维目标表明这一时期的教育不仅重视知识技能的培养，也开始重视方法能力的锻炼，以及对学生价值观的塑造。

在三维目标的基础上提出核心素养，可以看作对三维目标的发展和聚焦。三维目标中还包含许多非核心的素养，核心素养更直指教育的真实目的——育人，对教学下一步的发展有了更明确的指

向。核心素养为教育教学改革提供了重点更突出、焦点更集中的教育目标，为转变学生学习方式、教师教学方式、政府和学校的管理方式指明了方向。要看到，"双基"教学与三维目标的关系、三维目标与核心素养的关系，不是完全相同的。前者是转折性的，彼此冲突；后者是递进式的，两者有着高度的内部一致性。

尽管核心素养一词已经非常热门，但各学派和学者关于其内涵外延的看法和定义仍莫衷一是，关于核心素养的内涵与本质，诸宏启先生在《核心素养的概念与本质》一文中提出了对于核心素养本质的四点理解：

第一，核心素养是"关键素养"，不是"全面素养"。核心素养并非三维目标、素质教育等概念的另一种表述，核心素养指"核心"的素养，除此之外，还应该有"非核心素养"。核心素养不是面面俱到的素养"大杂烩"，而是全部素养清单中的"关键素养"。由此看来，核心素养是各种素养概念中的"关键少数"素养，是素质教育、三维目标、全面发展、综合素质等的"聚焦版"，是适应人与社会发展的必备品格和关键能力。

第二，核心素养要反映"个体需求"，更要反映"社会需要"。核心素养要反映个体发展的需要，但个体的生存与发展本身也无法脱离社会环境，个人的核心素养应适应并促进21世纪社会的进步与变迁，能应对21世纪特别是知识经济的挑战，因而具有鲜明的时代性和全球化特征。从全球范围来看，多数国家在核心素养指标的选取上反映了经济社会发展的最新要求，强调创新与创造力、信息素养、国际视野、沟通与交流等素养，以便更好地适应21世纪的挑战。

第三，核心素养是"高级素养"，不是"低级素养"。面对21世纪的挑战，学生需要的各种素养的重要性并不是平列并重的，创新能力、信息素养、合作能力、社会责任、交流技能等排在前列，这些素养事关个体能否更好地应对21世纪的挑战，事关国家发展和民族振兴，而诸如死记硬背、题海战术的素养，在21世纪环境下更接近缺乏竞争力的低级素养。核心素养是高级素养，学生的发展需要这些高级素养，国家参与国际竞争需要这些高级素养。核心素养之所以是"高级素养"，还有两个原因：①核心素养是跨学科的，高于学科知识；②核心素养是综合性的，是对于知识、能力、态度的综合与超越。

第四，核心素养要反映"全球化"的要求，更要体现"本土性"的要求。在全球化背景下，各国学生核心素养的需求会有一些共性，如对创新能力、沟通能力、信息素养的要求；但因为国情的差异，特别是各国发展面临的关键问题不同，核心素养的厘定和培育也需要有内容差异和程度差异。就我国而言，有两个核心素养必须被大力强调：一是创新能力，二是民主素养。

第二节 深度课堂教学的总体目标

一、目标的内涵认识

国内的三维目标和马扎诺的教育目标模型中涉及的三个维度（情感维、认知维和技能维）是高度一致的。尽管在部分人眼里，三维目标已经过时了，但我们要看到，三维目标和素养目标有一定的内在关联。杨九诠认为三维目标为核心素养提供了框架，从核心素养的立场看，三维目标是一个整体"座架"，三个维度的条列式表述只是分析性的，任何一个维度都包含着其他两个维度。知识与技能维度呈现为三维目标的"固体"状态，过程与方法维度呈现为三维目标的"液体"状态，情感、态度和价值观维度呈现为三维目标的"气体"状态。

在教学实践中，三维目标的实操也存在一些问题，一方面在于三维目标之间的关系较为松散，缺乏结构化，教师常将三维目标作为并列的元素看待，在书写时也常常是分列三条。喻平老师认为，三维目标应当有层次关系，"知识与技能"在最低层，而"过程与方法"和"情感、态度与价值观"在上位层面，这种关系可以用核心素养概念统一整合，通过分层，不同目标层面的理论基础之间不会相互干扰。刘徽老师认为，在马扎诺的教育目标模型中，情感维、认知维和技能维在素养导向下应是整合的，共同构成了行为模型。另一方面，教师对于"过程与方法""情感、态度与价值观"的理解不够透彻，导致在撰写相关目标时，容易比较模糊、空泛。这些问题也导致教师在教学时，将目标落地于知识与技能维度，忽略了其他两维。而基于大概念构建目标，可以很好地解决这些问题，一方面，在大概念引领下，可以借助真实情境使三个维度相联结，深度融合成素养；另一方面，基于大概念可以实现素养目标与教学内容的结合，避免目标设计流于空泛。

吉拉尔对素养目标进行了更为细致的讨论，他将素养分为SFC（认知性）、SFG（动作性）和SFA（社会情感性）三个维度，每个维度由浅至深又包含复制、知做、知存三个层次，分别是基于记忆、理解、态度的活动（图2-2-1）。

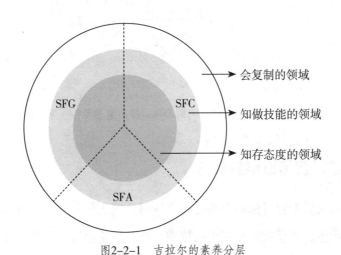

图2-2-1 吉拉尔的素养分层

理解和复制会导致三个维度的区别，复制更多是低通路的迁移，而我们所说的素养，更多指向高通路的迁移，如刘徽老师所说，我们的目标应更多指向理解层面，而与理解相关联的就是大概念，有素养的人往往指建立了以大概念为锚点的专家思维的人，在具体情境中能顺利提取和整合相关的知识和技能来有效地解决问题。

基于此，刘徽老师调整了吉拉尔素养模型，提出了以大概念为内核的素养目标模型（图2-2-2）。该模型以大概念为内核，在理解（理解世界、理解他人、理解自我）的基础上整合情感维、认知维和技能维，从而进行行动。

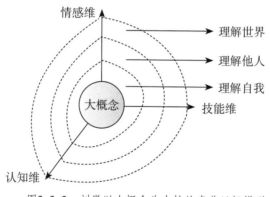

图2-2-2　刘徽以大概念为内核的素养目标模型

二、目标设定的依据

前文对教育目标的模型进行了探讨，在实际教学中，目标并非凭空产生，其设定应有一定的依据，结合理论研究与教学实践，我们认为教学目标的设定，离不开对课程标准的研读、对教材的探究以及对学情的分析。

1. 课程标准

课程标准是规定某一学科的课程性质、课程目标、内容目标、实施建议的教学指导性文件，是教材编写、教学、评估和考试命题的依据，是国家管理和评价课程的基础。2017版的《普通高中课程方案》指出，"普通高中的培养目标是进一步提升学生综合素质，着力发展核心素养，使学生具有理想信念和社会责任感，具有科学文化素养和终身学习能力，具有自主发展能力和沟通合作能力"。这就要求在设计教学目标时，要关注学生素养的发展；课标中凝练了各学科的核心素养（表2-2-1），明确了学生学习该学科课程后应达成的正确价值观、必备品格和关键能力，对知识与技能，过程与方法，情感、态度与价值观三维目标进行了整合，这为教师进行目标设计指明了方向；同时，课标中提出了学业质量标准，各学科明确学生完成本学科学习任务后，学科核心素养应该达到的水平，各水平的关键表现构成评价学业质量的标准，这也是对教师关注教学目的的一种引导。

表2-2-1　高中各学科核心素养一览表

学科	核心素养	解释
语文	语言建构与运用	指学生在丰富的语言实践中，通过主动的积累、梳理和整合，逐步掌握祖国语言文字特点及其运用规律，形成个体言语经验，发展在具体语言情境中正确有效地运用祖国语言文字进行交流沟通的能力
	思维发展与提升	指学生在语文学习过程中，通过语言运用，获得直觉思维、形象思维、逻辑思维、辩证思维和创造思维的发展，促进深刻性、敏捷性、灵活性、批判性和独创性等思维品质的提升

续 表

学科	核心素养	解释
语文	审美鉴赏与创造	指学生在语文学习中，通过审美体验、评价等活动形成正确的审美意识、健康向上的审美情趣与鉴赏品位，并在此过程中逐步掌握表现美、创造美的方法
	文化传承与理解	指学生在语文学习中，继承和弘扬中华优秀传统文化、革命文化、社会主义先进文化，理解和借鉴不同民族和地区的文化，拓展文化视野，增强文化自觉，提升中国特色社会主义文化自信，热爱祖国语言文字，热爱中华文化，防止文化上的民族虚无主义
数学	数学抽象	指通过对数量关系与空间形式的抽象，得到数学研究对象的素养。主要包括：从数量与数量关系、图形与图形关系中抽象出数学概念及概念之间的关系，从事物的具体背景中抽象出一般规律和结构，并用数学语言予以表征
	逻辑推理	指从一些事实和命题出发，依据规则推出其他命题的素养。主要包括两类：一类是从特殊到一般的推理，推理形式主要有归纳、类比；另一类是从一般到特殊的推理，推理形式主要有演绎
	数学建模	对现实问题进行数学抽象，用数学语言表达问题、用数学方法构建模型解决问题的素养。数学建模过程主要包括：在实际情境中从数学的视角发现问题、提出问题、分析问题、建立模型，确定参数、计算求解，检验结果、改进模型，最终解决实际问题
	直观想象	是指借助几何直观和空间想象感知事物的形态与变化，利用空间形式特别是图形，理解和解决数学问题的素养。主要包括：借助空间形式认识事物的位置关系、形态变化与运动规律；利用图形描述、分析数学问题；建立形与数的联系，构建数学问题的直观模型，探索解决问题的思路
	数学运算	指在明晰运算对象的基础上，依据运算法则解决数学问题的素养。主要包括：理解运算对象，掌握运算法则，探究运算思路，选择运算方法，设计运算程序，求得运算结果，等等

续 表

学科	核心素养	解释
数学	数据分析	指针对研究对象获取数据，运用数学方法对数据进行整理、分析和推断，形成关于研究对象知识的素养。数据分析过程主要包括：收集数据，整理数据，提取信息，构建模型，进行推断，获得结论
英语	语言能力	指在社会情境中，以听、说、读、看、写等方式理解和表达意义的能力，以及在学习和使用语言的过程中形成的语言意识和语感。英语语言能力构成英语学科核心素养的基础要素。英语语言能力的提高蕴含文化意识、思维品质和学习能力的提升，有助于学生拓展国际视野和思维方式，开展跨文化交流
	文化意识	指对中外文化的理解和对优秀文化的认同，是学生在全球化背景下表现出的跨文化认知、态度和行为取向。文化意识体现英语学科核心素养的价值取向。文化意识的培育有助于学生增强国家认同和家国情怀，坚定文化自信，树立人类命运共同体意识，学会做人做事，成长为有文明素养和社会责任感的人
	思维品质	指思维在逻辑性、批判性、创新性等方面所表现的能力和水平。思维品质体现英语学科核心素养的心智特征。思维品质的发展有助于提升学生分析和解决问题的能力，使他们能够从跨文化视角观察和认识世界，对事物做出正确的价值判断
	学习能力	指学生积极运用和主动调适英语学习策略、拓宽英语学习渠道、努力提升英语学习效率的意识和能力。学习能力构成英语学科核心素养的发展条件。学习能力的培养有助于学生做好英语学习的自我管理，养成良好的学习习惯，多渠道获取学习资源，自主、高效地开展学习
政治	政治认同	拥护中国共产党的领导，坚持和发展中国特色社会主义，认同中华人民共和国、中华民族、中华文化，弘扬和践行社会主义核心价值观

续表

学科	核心素养	解释
政治	科学精神	在认识世界和改造世界的过程中表现出来的一种精神取向，即坚持马克思主义的科学世界观和方法论，能够对个人成长、社会进步、国家发展和人类文明做出正确的价值判断和行为选择
	法治意识	尊法学法守法用法，自觉参加社会主义法治国家建设
	公共参与	有序参与公共事务，勇于承担社会责任，积极行使人民当家做主的政治权利
历史	唯物史观	揭示人类社会历史客观基础及发展规律的科学的历史观和方法论
	时空观念	在特定的时间联系和空间联系中对事物进行观察、分析的意识和思维方式
	史料实证	指对获取的史料进行辨析，并运用可信的史料努力重现历史真实的态度与方法
	历史解释	指以史料为依据，对历史事物进行理性分析和客观评判的态度、能力与方法
	家国情怀	学习和探究历史应具有的人文追求，体现了对国家富强、人民幸福的情感，以及对国家的高度认同感、归属感、责任感和使命感
地理	人地协调观	指人们对人类与地理环境之间的关系秉持的正确的价值观
	综合思维	指人们运用综合的观点认识地理环境的思维方式和能力
	区域认知	指人们运用空间—区域的观点认识地理环境的思维方式和能力
	地理实践力	指人们在考察、实验和调查等地理实践活动中所具备的意志品质和行动能力
物理	物理观念	从物理学视角形成的关于物质、运动与相互作用、能量等的基本认识；是物理概念和规律等在头脑中的提炼与升华；是从物理学视角解释自然现象和解决实际问题的基础。主要包括物质观念、运动与相互作用观念、能量观念等要素

续 表

学科	核心素养	解释
物理	科学思维	从物理学视角对客观事物的本质属性、内在规律及相互关系的认识方式；是基于经验事实建构物理模型的抽象概括过程；是分析综合、推理论证等方法在科学领域的具体运用；是基于事实证据和科学推理对不同观点和结论提出质疑和批判，进行检验和修正，进而提出创造性见解的能力与品格。主要包括模型建构、科学推理、科学论证、质疑创新等要素
	科学探究	基于观察和实验提出物理问题、形成猜想和假设、设计实验与制定方案、获取和处理信息、基于证据得出结论并做出解释，以及对科学探究过程和结果进行交流、评估、反思的能力。主要包括问题、证据、解释、交流等要素
	科学态度与责任	在认识科学本质，认识科学、技术、社会、环境关系的基础上，逐渐形成的探索自然的内在动力，严谨认真、实事求是和持之以恒的科学态度，以及遵守道德规范，保护环境并推动可持续发展的责任感。主要包括科学本质、科学态度、社会责任等要素
化学	宏观辨识与微观探析	能从不同层次认识物质的多样性，并对物质进行分类；能从元素和原子、分子水平认识物质的组成、结构、性质和变化，形成"结构决定性质"的观念。能从宏观和微观相结合的视角分析与解决实际问题
	变化观念与平衡思想	能认识物质是运动和变化的，知道化学变化需要一定的条件，并遵循一定规律；认识化学变化的本质特征是有新物质生成，并伴有能量转化；认识化学变化有一定限度、速率，是可以调控的。能多角度、动态地分析化学变化，运用化学反应原理解决简单的实际问题
	证据推理与模型认知	具有证据意识，能基于证据对物质组成、结构及其变化提出可能的假设，通过分析推理加以证实或证伪；建立观点、结论和证据之间的逻辑关系。知道可以通过分析、推理等方法认识研究对象的本质特征、构成要素及其相互关系，建立认知模型，并能运用模型解释化学现象，揭示现象的本质和规律

学科	核心素养	解释
化学	科学探究与创新意识	认识科学探究是进行科学解释和发现、创造和应用的科学实践活动；能发现和提出有探究价值的问题；能从问题和假设出发，依据探究目的，设计探究方案，运用化学实验、调查等方法进行实验探究；勤于实践，善于合作，敢于质疑，勇于创新
	科学态度与社会责任	具有安全意识和严谨求实的科学态度，具有探索未知、崇尚真理的意识；深刻认识化学对创造更多物质财富和精神财富、满足人民日益增长的美好生活需要的重大贡献；具有节约资源、保护环境的可持续发展意识，从自身做起，形成简约适度、绿色低碳的生活方式；能对与化学有关的社会热点问题做出正确的价值判断，能参与有关化学问题的社会实践活动
生物	生命观念	指对观察到的生命现象及相互关系或特性进行解释后的抽象，是人们经过实证后的观点，是能够理解或解释生物学相关事件和现象的意识、观念和思想方法。学生应该在较好地理解生物学概念的基础上形成生命观念，能够用生命观念认识生物的多样性、统一性、独特性和复杂性，形成科学的自然观和世界观，并以此指导探究生命活动规律，解决实际问题
	科学思维	指尊重事实和证据，崇尚严谨和务实的求知态度，运用科学的思维方法认识事物、解决实际问题的思维习惯和能力。学生应该在学习过程中逐步发展科学思维，探讨、阐释生命现象及规律，审视或论证生物学社会议题
	科学探究	指能够发现现实世界中的生物学问题，针对特定的生物学现象，进行观察、提问、实验设计、方案实施以及对结果的交流与讨论的能力。学生应在探究过程中，逐步增强对自然现象的好奇心和求知欲，掌握科学探究的基本思路和方法，提高实践能力；在探究中，乐于并善于团队合作，勇于创新
	社会责任	指基于生物学的认识，参与个人与社会事务的讨论，做出理性解释和判断，解决生产生活问题的担当和能力

2. 教材

教材是依据课程标准编制的、系统反映学科内容的教学用书，是教学的主要依据，是教学大纲的具体化。中华人民共和国成立至今，我国的高中教材也经历了数次更新，第一版教材出版于20世纪50年代，这一时期教材主要以苏联课本为蓝本；60年代到70年代，我国虽然多次进行教材编写，但因为种种原因，并没有得到推广应用，教材发展基本处于停滞阶段；1978年，教育部发布了《全日制十年学校中学教学大纲（试行草案）》，并编写了教材试用本，这版教材强调了基础知识和基本技能的训练，也提出培养学生的思维能力、分析能力及解决问题的能力，但由于当时的师资设备参差不齐，很多师生认为这版教材难度过大；于是1983年，教育部颁布了《关于颁发〈高中数学、物理、化学三科两种要求教学纲要〉的通知》，把教学要求分为"基本要求"和"较高要求"，同时出现了适应较高要求的"甲种本"和适应基本要求的"乙种本"两种教材，然而在教学中出现了盲目追求高要求的倾向；1987年，国家教委颁布了《全日制中学教学大纲》，进一步明确了教学要求，把一些必学内容改为选学，增大了教学的弹性。这几个版本的教材重视"双基"训练，知识体系比较完整，但是随着科技的发展，这些教材也表现出与社会发展的不适应性。

为全面提高学生素质，国家教委1990年出台了《现行普通高中教学计划的调整意见》，同年颁布了《全日制中学教学大纲（修订本）》，1993年正式开展了新高中课程方案的研究与制定工作，包括配套的课程计划、教学大纲和教材，1996年国家教委编订《全日制普通高级中学课程计划（试验）》，同年人教社开始编写供21世纪使用的高中试验教材。该版教材从提高学生素质出发，高初中区分度加大，高中的知识水平、能力培养和思想教育功能明显提高，注重培养学生的创造性思维。然而，1996版的教材偏重知识的传授，仍不能很好地适应学生身心发展的需要，而在2004版教材中，开始构建"知识与技能、过程与方法、情感态度与价值观"三维目标，预示着教学目标真正转向"育人"的轨道上来。在2019版的新教材中，则更注重启发学生思维，注重培养学生科学探究能力、科学态度和社会意识，发展学生核心素养。

3. 学情

学情是指与学生生活、学习相关的一切因素。新时代教育的本质要求是一切为了每一位学生的发展，因此，脱离学情而设计的目标是没有意义的。目标的设计要从学生角度出发，分析学生能理解的程度，教师可采用预习检测、提问、导学案等方式，发现学生的疑难之处，据此确定教学目标。

根据维果茨基的"最近发展区"理论，学生的发展有两种水平：一种是学生的现有水平，指独立活动时所能达到的解决问题的水平；另一种是学生可能的发展水平，也就是通过教学所获得的潜力。两者之间的差异就是最近发展区，而教学应该着眼于学生的最近发展区，为学生提供相关的学习内容，激发学生潜力，这也说明，学生对新事物的接受是依赖于其原有知识背景的，因此在设定教学目标时，需要关注学生的已有经验。

同时，我们如今在探索的分层教学，也强调要关注学生间的差异。在了解学生学情的基础上，根据学生现有的知识、能力水平和潜力倾向对学生进行分层教学，使学生在教师恰当的分层策略和相互作用中得到更好的发展和提高。

三、目标设定的误区

在前文中，我们梳理了以大概念为核心的素养模型，但是在实际教学中，常常出现由于对大概念的理解不透彻而导致的目标错位问题。

将目标局限于知识与技能，或者忽略各知识点之间的结构，都可能导致设置过低的教学目标，如过往很多教师在实践中将目标落地到知识与技能，过于重视对知识的传授，但忽略了学生对知识的迁移与应用，导致当社会变迁，原有知识发生改变时，学生不适应；再如很多教师在教学中没有形成结构化的观念，对知识点的传授比较零散，导致学生对知识深层的含义理解不够透彻，难以形成有效的迁移。

如果对核心素养理解不透彻，笼统地把核心素养写入目标，会导致过高的目标设定，如很多教师在设定目标时，提到要培养学生的创新、合作能力，但是并不了解究竟培养了学生什么样的学科素养，而大概念实际上可以帮助师生更好地理解素养，使目标更加清晰。

此外，教师需要在有限的教学课时中实现对学生核心素养的培养，因此在设定目标时要把握关键素养，而这一关键素养一般需要与学科密切相关。部分教师设计项目式教学，但在目标设计时偏离学科主题，把重点放在对项目的理解上，导致教学产生偏差。

第三节 目标设计的实施方法

刘徽老师在《大概念教学——素养导向的单元整体设计》一书中提到，大概念教学目标设计依顺序可以分为"找到提取路径""绘制概念地图""撰写单元目标"三个环节，其中提取路径指通过相关方式提炼大概念，这一条也隐含着绘制概念地图的过程，下面分别对这三个环节进行概述。

一、找到提取路径：自上而下或自下而上

1. 自上而下的提取路径

自上而下指从一些纲领性文件、专家思维等具有一定权威的来源处提取大概念。通过这一方式获得的大概念很多已有明确描述，难点在于教师是否能对相关大概念进行准确理解，并应用到实际教学。

（1）课程标准

正如前文所说，目标的设定离不开课程标准，大概念的提取同样也要参照课标。以2017版课标（2020年修订）为例，课标中"课程性质与基本理念"指明了我们要培养什么样的人，也就是核心素

养；"学科核心素养与课程目标"则给出了学科素养及相应的素养目标，学科素养是学生通过学科学习应形成的正确价值观念、必备品格和关键能力，课程目标则是与学科核心素养相配套的素养目标；"课程结构"可以使我们总览教材，梳理概念网络；"课程内容"可以让我们理解具体的单元概念。

在教学中，课程标准是必须遵照的标准，但是实际教学不可能完全按照课标进行，需要教师以课标为依据，提取相应大概念，并进一步进行选择、细化和整合，使提取出的大概念适用于目标学情下的单元教学。

（2）教材

2019版的教材较为关注知识的关联，以及学生核心素养的培养，教材中加入了单元导读以及章节整理与提升，引导学生对章节进行总览概括，在内容设计上注重情境创设，添加了资料卡片，强调知识的应用价值，我们也可以从这些地方提取大概念。

2019版教材的单元导读中，编者会阐述如何研究本章知识，以及培养什么样的学科素养。如高中化学必修一第三章《铁　金属材料》的单元导读中提到"通过研究铁及其化合物的性质和用途，可以使我们从物质类别和元素价态的视角认识物质间的转化关系，深化对物质及其变化多样性的认识"，这就可以提取"通过物质类别和元素价态两个视角认识物质及其变化"这一概念；本章单元导读还提到"金属材料对于促进生产发展、改善人类生活发挥了巨大作用。对不同类型合金的性能和用途的认识，可以进一步强化性能决定用途的观念"，可以从中提取出"性质决定用途"的概念。

在整理与提升处，会对本章的核心概念进行总结，我们也可据此提取出大概念，如前文所述的《铁 金属材料》的整理与提升中，直接总结了如何从物质类别以及元素价态视角认识物质间的转化关系，这与单元导读中的本质问题前后呼应，引导学生形成知识的网状结构。

此外，在单元内容中，也可以进行大概念的提取。一方面，2019版教材在内容设计上，注重情境、问题和活动的整体设计，强调概念的建构过程，另一方面，新教材中穿插的各种提示（如知识卡片等），也会对相关概念做出阐述，从这些内容中，教师也可以提取大概念。

（3）专家思维

专家和普通人最大的不同，在于专家有自己结构化的思维框架，所以在面对陌生情境时，也可以利用方法论迅速处理问题。大概念正是专家思维的体现，教师可以通过不断阅读、学习，增强专业素养，培养专家思维，如了解科学史，阅读论文——科学史的发展和论文的撰写，本身就体现了专家研究的过程，从中可以提炼出科研的大概念，最新的论文也有助于教师更新认知。

除了科研论文和科学史，专家撰写的科普读物，甚至百度百科等都可以作为教师获取知识、提取大概念的来源，这一类工具更加贴近我们的生活，但是也要注意对所获信息进行筛选与确认。

（4）派生概念

大概念之间是相互关联与派生的，因此可以通过派生或总结的方式提取大概念。如"物质的组成结构决定其性质"这是一条上位概念，它可以派生出"乙醇原子的种类和排列方式决定其性质"这一下位概念；又比如"在分子、原子水平上研究物质和创造物质"是一条跨学科的大概念，它可以派生出"物质的组成与结构"这一学科大概念。不过也需注意，不是所有的上位大概念都适合派生，在实际的教学中要注意区分。

2. 自下而上的提取路径

自下而上的提取路径指结合生活经验和教学经验，不断总结提炼上位概念，生活情境、知能目标、学习难点、评价标准等都是提取大概念的相关路径。

（1）生活情境

知识最终要应用于生活，而生活中的很多场景可以帮助我们获得大概念。例如，铜具有很好的延展性与导热性，因此可用于制作电线，而不锈钢具有抗腐蚀性及一定的硬度，因此可以用于制作厨具，据此可以提炼出"性质决定应用"这一大概念，诸如此类的例子还有很多。因此我们在教学时，强调从真实性情境入手。

（2）知能目标

很多教师在设定目标时容易过度重视知识与技能目标，从而导致设置过低的教学目标，反而言之，我们可以从知能目标中向上提炼出较高层级的大概念。例如，"知道水由水分子构成，水分子由氢原子和氧原子构成"可以提炼出"物质是由分子、原子、离子构成的"这一大概念，通过这条概念，又可以帮助学生理解其他物质的构成，学生对原有知能目标的认识也就更加深刻。

（3）学习难点

这里的学习难点，可以分为课内和课外两方面。一方面，教师可以收集契合课标但学生正确率较低的题目，分析学生易错的原因，剖析出其蕴含的大概念，并可以在教学中启发学生加强对相关概念的理解。另一方面，学生在知识向真实世界迁移的过程中，可能也会遇到一些困难，这也需要教师从生活的难点出发，提取出相关大概念，引导学生实现知识的迁移。

（4）评价标准

评价是对教学成果的反思，这种反思可以帮助教师发现目标设定的偏差。评价标准的设计本身也应依据教学目标，当教师针对某一项目标展开评价时，可以发现执行效果与目标设定的偏离，从中找出问题，提炼出相应的大概念，并对目标进行调整。

上文总结的提取路径并非完全并列，如前所述，目标的设定离不开课程标准、学情与教材，因此，在概念提取时，课标、教材、学习难点也是必须考虑的，而专家思维、派生概念、生活价值、知能目标等更多是起到帮我们校准目标的作用。

二、绘制概念地图

当提取出相关概念之后，就要进行目标概念图的绘制，绘制概念图时，首先需要确定焦点大概念，找到支撑焦点大概念的重要概念，并厘清构建重要概念所需要的次位概念，其次激活知识网络，以便对概念进行理解，最后形成以大概念为核心，重要概念为支撑，次级概念为支点的概念层级体系。

以张志祥老师为高中生物浙科版必修一第二章构建的"探究

细胞膜的结构"概念图为例，单元的焦点概念是"细胞是生物体结构与生命活动的基本单位"，那么细胞如何实现这种功能呢？依靠"细胞内各部分既分工又合作，共同执行细胞的各项生命活动"。细胞内各部分具体是如何分工的呢？以其中一个重要组成部分细胞膜为例，"细胞都有质膜包裹，将细胞与其生活环境分开"，"细胞膜能控制物质进出，并参与细胞间的信息交流"。细胞膜为何有这样的功能呢？就要结合细胞的成分、结构、功能等知识来进行分析。通过这样层层递进，就形成了层次分明的"探究细胞膜的结构"概念图（图2-3-1）。

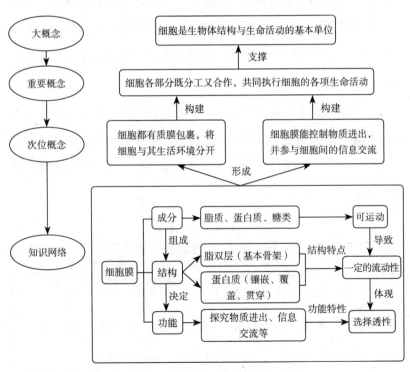

图 2-3-1 "探究细胞膜的结构"概念图

在绘制概念图的时候，为了使图像更加清晰易懂，通常要对不同层级的概念做出区分，如张志祥老师将概念图分为两列，左列介绍概念层级，右列介绍具体概念及相关知识；教师也可选择直接用不同形状的外框来标示不同层级的概念，或者采用其他自己习惯的方式，呈现出较为清晰的概念图。

三、撰写单元目标

在提取出大概念之后，可以开始进行目标的撰写，教学目标应是预期的学习成果。无论是埃里克森的KUD模式、威金斯的预期学习结果，还是马扎诺的教育目标模型、刘徽的素养目标模型，都认为大概念统领了知能或思维的发展，处于目标的核心地位。因此撰写目标时，首先要提取大概念，并借此促进学生情感维、认知维、技能维的发展。

目标设计至少应包括大概念、单元及课时目标、素养目标三部分，大概念指统领单元内容的核心概念，依据大概念细化出具体的单元目标及对应的课时目标，素养目标也是建立在对大概念理解的基础之上的（表2-3-1）。

表2-3-1 目标设计模板

大概念	具体单元目标	课时1目标	课时2目标	素养目标
大概念1：……	情感维（具备……的意识） 认知维（知道……理解……） 技能维（做到……）	情感维（具备……的意识） 认知维（知道……理解……） 技能维（做到……）	情感维（具备…的意识） 认知维（知道……理解……） 技能维（做到……）	具备……素养

续 表

大概念	具体单元目标	课时1目标	课时2目标	素养目标
大概念2：……	情感维（具备……的意识） 认知维（知道……理解……） 技能维（做到……）	情感维（具备……的意识） 认知维（知道……理解……） 技能维（做到……）	情感维（具备……的意识） 认知维（知道……理解……） 技能维（做到……）	具备……素养
……	……	……	……	……

在撰写大概念时，要注意围绕焦点概念，不要偏离单元主题，要能体现理解的深度，不要仅撰写常识，要有适当的提炼概括，一些与概念关联不大的语句应进行删减，但概括也不能过度，避免使概念过于庞大，偏离主题。同时，也要注意对大概念和单元主题及素养目标进行区分，单元主题一般是高度概括的，而大概念是能反映专家思维的一种具象化的概念、观念或论题；素养目标是一种在真实生活中解决问题的专家素养，即"能做……"，而专家素养的形成就是建立在专家思维（"能理解……"）之上的。

在撰写具体的单元及课时目标时，一般应包含内容和行为，内容即学习到了什么内容，行为即能做到什么，有时对于部分技能性目标，还可以增加一些关于程度的描述。刘徽老师曾对描述不同维度目标行为的关键词及样例进行了介绍，这里做一个整理与总结（表2-3-2）。需要注意的是，虽然在模板中我们区分了认知维、技能维和情感维，但在实际撰写时，这些维度的分类并非绝对，有时不同维度的内容会融合在一起。例如，往往是在认知的基础上才能掌握技能，因此认知维和技能维很难分开。又如，情感维很多时候跟其他维度结合在一起，才更加流畅自然。

表2-3-2 描述各维度目标行为的关键词及其样例

类型		行为水平				
情感维		接受	反应	价值化		
	关键词	关注、体会、愿意	喜爱、好奇、主动	态度、个性、意识、价值观、自觉		
	样例	关注……现象、提出……问题	主动……，对……有好奇心	有使用……的意识、能形成……的价值观		
认知维		认知		元认知		
		低阶思维	高阶思维			
	关键词	记住、再认、认识、列出	理解、解释、比较、分类、归纳、梳理、综合、应用	总结、自省、评价、自我认知		
	样例	认识……生字、列出……元素	理解……原理、梳理……历史	能对自己的单元学习情况进行总结、能用思维导图等方式对……进行整理		
技能维		单一技能	复合技能			
			决策	设计	赏析	探究
	关键词	使用、操作、观察、会写	选择、决定、预测、政策分析	设计、创作、建构、计划	欣赏、辨别、比较	调查、发现、实验、解决问题
	样例	观察……事物、使用……仪器	选择……方案、决定……事项	设计……作品、建构……观念	欣赏……作品、比较……不同	调查……现状、发现……问题

　　素养目标表现为能做什么，因此在写法上跟技能目标有些相似，但具有更高的统合性。素养体现的是一种高通路的迁移，因此在撰写时，要注意思考与真实世界的联系。事实上，课标中对学科核心素养进行描述时，采用的也是这种写法，如化学中的核心素养"变化观念与平衡思想"，指"能从不同层次认识物质的多样性，

并对特定物质进行分类，认识物质的组成、结构、性质和变化"，因此有时在写素养目标时，也可直接用学科核心素养代替。

这里以高中化学"硫及其化合物"为例，来阐述单元目标的写法，部分目标的撰写参考夏建华老师的版本，为了适应本书主题，做了一些调整（表2-3-3）。目标的设计从大概念出发，在对大概念的理解之上，提出具体的单元目标，在其后的课时目标，注意与单元目标要有对应关系，相应的目标最终要落实到对学生科学素养的提升。

表2-3-3　硫及其化合物单元目标撰写案例

大概念	具体单元目标	课时1目标	课时2目标	素养目标
元素可以组成不同种类的物质，依据物质组成和性质可以对物质进行分类，同类物质具有相似的性质	1.了解主要含硫物质的状态、溶解性等物理性质。 2.能从化学及生物角度描述自然界中的硫循环。 3.能从物质类别和价态两个维度对物质进行分类，能绘制元素及其化合物价类表三维图	1.结合硫循环示意图，能画出硫元素价类表三维图，能够用图示的方法表示出硫及其化合物的转化关系。 2.能描述硫的物理性质，会书写硫与铁、铜、氢气、氧气的化学反应方程式	1.…… 2.…… 3.……	宏观辨识与微观辨析、变化观念与平衡思想
物质是运动和变化的，可以通过氧化还原反应实现同种元素不同价态物质之间的转化	1.能从物质类别、价态和律表视角预测和分析含硫物质的化学性质和转化。 2.能描述S、SO_2、H_2SO_4的主要化学性质。 3.了解硫酸的工业制备与浓硫酸的特性、硫酸根离子的检验	1.能从价态、类别和律表角度推测H_2S、S、SO_2之间的转化关系。 2.会书写相关的化学方程式	1.…… 2.…… 3.……	宏观辨识与微观辨析、变化观念与平衡思想

续 表

大概念	具体单元目标	课时1目标	课时2目标	素养目标
通过分析、推理等方法可以认识研究对象的本质特征、构成要素及其相互关系	1.能基于证据说明含硫物质的性质和转化关系，并设计实验进行验证。2.能运用三维图解决复杂环境下学科和真实世界的陌生问题	1.能基于证据说明硫、硫化氢和二氧化硫的性质与转化关系。2.能运用三维图解决涉及H_2S、S、SO_2的复杂环境下的学科和真实世界的陌生问题	1.……2.……3.……	证据推理与模型认知、科学探究与创新意识
物质及其转化在自然界资源综合利用和环境保护中具有重要价值	1.举例说明硫循环和人类活动的平衡关系。2.结合克劳斯反应、工业制硫酸和尾气中SO_2处理等实例了解化学在生产中的应用。3.发展绿色化学观念，体会化学学科在促进人类发展和解决环境问题中的价值	能运用低价硫之间的转化关系设计天然气中除去硫化氢的方案	1.……2.……3.……	科学态度与社会责任

03

深度课堂教学的模式构建：

思维贯通　学思一体

第一节　深度课堂教学的理念及特征

关于深度课堂教学的内涵，崔永漷、郭元祥、姚林群等老师都做过研究，何佳璐在前人研究的基础上，对深度课堂教学的知识、教师、学习观进行了阐述，本节参照何老师的观点，对深度课堂教学的"三观"进行简单的阐述。

一、突破浅层符号限制的知识观

知识观是指对知识的认识、看法。郭元祥等认为，深度课堂教学所追求的是教育学立场的知识观，即具有生命立场和主体视野，有生成立场和过程取向，有价值立场和意义关怀，这是一种动态的知识观；而传统的浅层教学中，教师过度重视知识的传授，并且把知识视为一种定论，没有赋予知识"发展性""价值性"，是一种静态的知识观。

在深度课堂教学之中，知识应当是教学活动的符号载体，教学的本质目的是促进每一位学生的发展。这就要求教师要关注知识的基础性、价值性、丰富性、自我建构性、文化性与情境关联性。知识的基础性主要指适应学情，基于维果茨基的最近发展区理论，知识内容的难度与数量要适应学生现阶段发展的状况；知识的价值性指通过教学，使学生收获知识符号背后更深层的促进个体发展的意义内容，使教学充满价值；知识内容的丰富性不仅指知识符号内容的纵横展开程度，更强调知识的背后蕴含丰富多样的意义；知识内容的自我建构性指要关注学生的主体地位，引导学生自主进行知识建构；知识的文化性与情境关联性，指知识的产生和发展与文化、时代、历史、生活等背景相关联，知识是文化的载体，在教学中要去发展知识的文化性，此外，知识的发展也会受到社会发展的制约，因此教师要注重引导学生加强知识与社会之间的联结，赋予知识实践意义。

二、注重引导的教师观

教师观是教师的教育观念，是现代教师对自己职业的职责、特点、精神内涵、权利义务等方面的认识。深度课堂教学要求教师树立适切的教师观，具有新时代的教师职业素养，有效提升教学质量。

何为适切的教师观？一方面是教师角色的改变，另一方面是教师行为的改变。从教师的角色角度，在师生关系中，教师应该是学生学习和发展的促进者，除了知识的传授，更应促进学生人格健全成长；在教学与课程的关系中，教师不能只是课程的执行者，更应成为课程的建设者和开发者，做好对国家教材的二次开发，在课程改革中发挥主体作用；在教学与研究的关系中，教师应该是教育教学的研究者，以研究者的眼光审视和分析教学理论与实践中的问题，做好自我反思，总结教学经验，使其形成规律性的认识；在学校与社区的关系中，教师应该是社区型的开放教师，重视挖掘社区的教育资源，以丰富教学内容。

从教师的行为角度来说，在对待师生关系上，要以尊重、赞赏为主；在对待教学上，要以帮助、引导代替灌输式教学；在对待自我上，要及时反思，总结经验与不足，促进课堂质量提升；在对待与其他教育者的关系上，要乐于分享学习，合作共赢。

三、以学生为中心的学习观

学习是以学生为主体构建知识体系和观念的活动，学习观是指对学习的认识和看法，是指导学习者开展一系列学习活动的思想和观念。深度课堂教学要求学生转变学习方式，从传统的被动学习向自主、合作、探究式的主动学习转变，这就需要摆脱封闭、单一的学习观，对学生的学习活动做出新的理解。

在学习目的方面，应避免因片面追求升学率而对知识的过度重视，要注重对学生能力的培养、价值观的塑造，促进学生全面发展；在学习主体方面，要明确学生是学习的主体，学习不应该是机械式的被动学习，而应是在教师引导下，由学生自主建构知识的主动式学习。基于以上两点，就要求在学习内容上，要更加综合化和生活化，在学习环境上要更加情境化，加强学习与实际生活的联系，激发学生的主观能动性，促进学生知识的迁移；在学习方式上，通过自主、合作、探究等主动学习方式，引导学生主动建构知识的意义，增强学生的合作沟通能力，发展学生的核心素养。

在学习评价方面，要认识到学生是发展的人，教育的目的也是促进学生更好的发展，因此深度课堂教学强调发展性评价，即注重引导和激发学生自主发展，伴随学生健康成长的客观性评价。发展性评价会引导学生自主参与评价，加深对自己与他人的认识，看到自己的优势与不足，及时调整发展目标；发展性评价注重过程，积累学生自主发展过程中形成的有意义的资料，引导学生积累成长过程中的成果；发展性评价倡导评价方式多元化，既要评价可量化的知识，也要评价态度、价值观等难以量化的内容。

第二节　深度课堂教学的模式运作

一、背景说明及学情调研

我们根据学界的研究成果从教学目标、教学内容、教学方式等维度入手，将"深度课堂教学"定义为在深度课堂教学理念指导下，以促进学生全面发展为基本价值目标，围绕学生展开"导""教""测"活动，推动学生个体化知识体系建构的一种课堂模式。核心素养为学校教育指引了"培养什么样的人"的方向，为了追寻这个方向，就必须落实到实际的教育活动当中。深度课堂教学模式为培养学生的核心素养指引了道路，教师必须转变传统的教学理念和方式，重新思考"怎样培养人"这个问题。

汕尾市教育长期落后，特别是学生高考成绩处于广东省全省末尾，我们认为这不仅仅是分数的落后，更是由于核心素养培养不力，导致思维的落后。对比教育先进地区，汕尾市教育在课堂上存在很大不足。

对学校而言，培养核心素养最好的阵地就是课堂。而深度课堂教学模式是培养学生核心素养、推动学生深度学习的方式之一。基于此，我们于2022年初以汕尾市林伟华中学教师、学生对核心素养下的深度课堂教学的理解、认识和操作为研究对象，分别编制了"教师问卷"和"学生问卷"。结合调查问卷，我们试图以教师、学生不同主体为切入点，解析汕尾市林伟华中学课堂现状，解决课堂问题以提高教学质量，促进学生综合实践能力的发展。我们针对同一问题，从学生、教师两个主体的视角进行考察，发现以下几种情况值得关注。

1. 分层作业的设置需要重新审视

从数据来看，高达89.24%的教师会结合教学内容分层布置作业，这一数据说明教师已充分注意到不同学生的学力差异问题，都在试图通过布置不同层次的作业来适应不同学生的学习（图3-2-1）。吊诡的是，高达92.47%的学生认为老师给全班同学布置的作业是一样或基本一样的。如此大的反差可能是问卷设置选项顺序造成的，但更大的可能是教师的分层作业与学生所理解的分层作业不一致甚至现实课堂中分层作业实际上并未进行造成的（图3-2-2）。

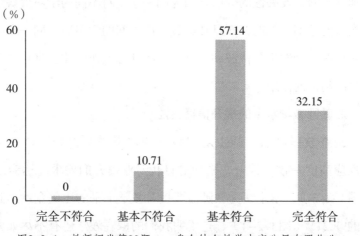

图3-2-1　教师问卷第20题——我会结合教学内容分层布置作业

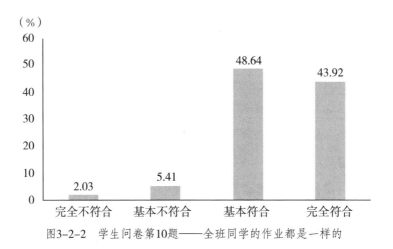

图3-2-2 学生问卷第10题——全班同学的作业都是一样的

针对这一反差,我们认为有必要厘清分层作业的操作方法。分层作业并不是设置不同作业,这与全体学生最终面对同一张试卷的现实也是不相符的。分层作业是要在同一题目的情境下,设置不同层次的问题来供处于不同学习层次的学生完成。同时,应该在选科走班、分层分班这种刚性分层的基础上,增加柔性分层的成分,即增加动态的、发展性的分层。因为同一学生对不同的学习模块学习层次可能是不一样的,而且在经过一段时间的学习后,同一学生的学习层次也会发生起伏波动。这样的柔性分层作业才能真正对全体学生起到帮助作用。

2. 教师教学水平的提升值得关注

调查数据显示,师生对"教师的水平需要提升"这一项目的反应高度一致,其中,教师对自我专业提升的要求高达84.46%(图3-2-3),学生认为教师需要提升教学水平的比例竟然达到惊人的98.21%(图3-2-4),这说明我们的课堂教学还有不尽如人意的地方,特别是学生对高质量课堂教学的需求还未得到满足。

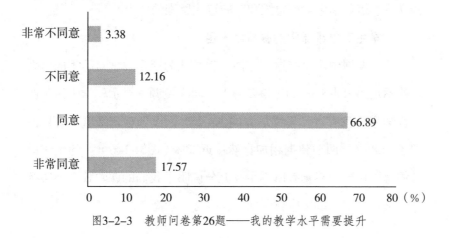

图3-2-3 教师问卷第26题——我的教学水平需要提升

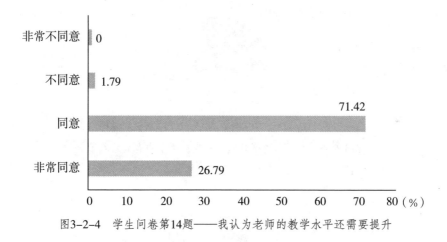

图3-2-4 学生问卷第14题——我认为老师的教学水平还需要提升

我们认为，首先，教师要承认学生不是一张白纸，他们拥有相关知识的前概念；其次，教师要能够将这种前概念抽取出来；最后，教师要引领学生接受、反驳或加深学生的已有经验，进行一个建构的过程。教师通过提示学生多角度思考，引领学生联系不同生活情境展开思考，有利于帮助不同思维水平的学生进一步提高思维能力。教师可以围绕教学材料，在恰当的时期提供恰当的引导，强调联系，培养学生辩证思维和突破定式思维的能力。

3. 学生对思维课堂的参与度不足

关于发展学生思维这一方面，教师认为课堂教学对学生的思维培养不足的只占5.36%（图3-2-5），而学生调查显示，学生认为课堂教学完全没有进行思维培养的占4.05%，很少有思维培养的也占到了14.86%，两项数据相加竟然接近20%（图3-2-6）。师生对课堂的思维培养均感觉有所不足，充分说明了我们的课堂教学确实有必要进行变革，以适应新课标、新教材、新高考。

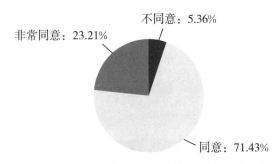

图3-2-5 教师问卷第31题——我在课堂中有效培养了
学生的高阶思维能力

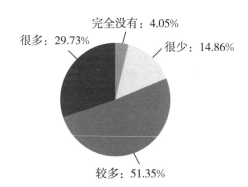

图3-2-6 学生问卷第30题——本班老师关注学生
思维方式的培养

新课标明确指出教学需要优化课程内容组织形式，跳出学科知识罗列的窠臼，按照学生学习逻辑组织呈现课程内容，通过主题、项目、任务等形式整合课程内容，根据各自的性质和育人价值，做好整体规划与分工协调。这就要求教师基于整体教学规划设计问题，通过有逻辑结构的问题群，引导学生进行逻辑思考，培养高阶思维，促进学生深度理解，进行层层递进、环环相扣的问题链设计。

4. 变革课堂模式势在必行

众所周知，一切课堂必然要以学生为中心，然而，学生调查数据显示，超过半数的学生认为教师在课堂采用了单一的评价方式，所谓的单一评价方式自然是作业评价（图3-2-7）。那么学生对作业这种评价方式做何反应呢？超过80%的学生表示，作业对自己造成了较大或很大的压力，这说明作业的数量和难度已大大超过学生的能力范围，必然导致大量"刷题""抄答案"等违背教育规律现象的存在（图3-2-8）。同时，有近三分之一的学生表示在遇到学习困难时很少或完全没有得到老师的帮助（图3-2-9）。

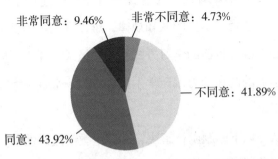

图3-2-7　学生问卷第21题——我认为老师对学生的评价方式方法比较单一

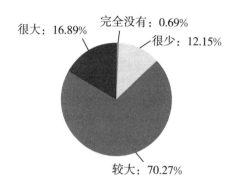

图3-2-8　学生问卷第23题——科目作业量对我的压力

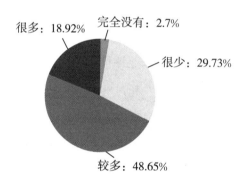

图3-2-9　学生问卷第29题——我得到过老师的学习方法指导

从以上数据不难看出，传统课堂教学模式违背了知识内在的逻辑规律，又违背了学生的认知规律，难以真正培养学生的核心素养，因此必须改变目前的学习方式和教学模式。课堂不应该灌输，应该唤醒学生的内在动力，让学生拥有成为一个真正大写的"人"的自觉意识。

我们认为以下问题亟待解决：①课堂教学随意性大，教师对课程标准的解读不深刻，不能制定有效、可行的教学目标；②课堂教学以教师为中心，学生过度依赖教师，缺乏自主学习动力；③课堂教学避实就虚，不能通过生产生活中的真实情境来展开问题，学生缺乏兴趣；④课堂教学思维性差，不能引导学生对问题做多角度、深层次、有逻辑的思考；⑤课堂教学浅表化，自主探究和小组合作只是为活动而活动，教学缺乏深度。

二、深度课堂教学模式下的教学策略

在对深度课堂教学模式的操作流程解读之前，有必要先对深度课堂教学模式下的四个教学策略进行说明。

创设基于真实情境设计的深度课堂教学，引导学生积极体验。新高考在全国已全面展开，《中国高考评价体系》《中国高考报告》等高考风向标都在不同程度上强调了高考试题情境化的重要性。学生在学校学过的知识和现实生活建立不起来联系，原因就是我们的课堂教学缺少真实的情境，只是把知识符号化。学科知识是核心素养的媒介和手段，而不是学习的最终目的。知识转化为素养的重要途径就是情境，因此要设置大量情境化的教学过程，让真实的学习能够发生。根据不同学科的不同特点，真实情境教学一般包括生活情境、历史情境、学术情境、实验情境等。不管使用一种还是多种情境，真实情境教学策略下的情境设计必须符合整体学生的阶段认知，脱离学生认知的情境教学不但不能激发学生的学习热情，而且会使学生对知识本身的学习偏离轨道。

创设基于大单元整体设计的深度课堂教学，引导学生构建体系。《普通高中语文课程标准（2017年版）》的颁布，使"学习任务群"成为新的课程内容组织形式，整体化（大单元）教学成为更便捷的教学方式而被一线教师选择。物理、历史、思想政治等科目都在不同程度上采用了大单元教学。现实中的教学往往是碎片化的，让学生学习许多碎片化的知识，反复进行碎片化的训练，而不是让学生先把握事物的整体构架，再进行部分学习和研究。深度课堂教学要求学生对一个体系先有一个整体上的构架结构认识，再认识体系各个具体的部分，然后再找到部分与部分之间的关系，从而形成一个完整认识，由"散装"转向"整体设计"，从"点状"转向"结构状"。在常规教学活动中，大单元教学不仅仅局限在高三复习阶段才去使用，其实在新课讲授的时候，我们的教师就已经不自觉地在使用大单元教学策略了，因为任何一个知识的完整结构除了知识本身，还必然包括背景知识以及对此知识的认识和评价，而这正是大单元教学策略的运用。目前来看，教师需要做的就是把教学设计中的灵光乍现变为常规思路，把知识教授上的无意识运用变为有意识运用，如此一来，大单元教学并不是像有些老师认为的额外负担，而是成为顺理成章的事情。

创设基于多维问题设计的深度课堂教学，引导学生学会思考。2021年，教育部印发的《普通高中学校办学质量评价指南》指出，要培养学生创新精神，"能够自主学习、独立思考，善于合作学习……注重知行合一、学以致用，有自主探究和发现、解决问题的意识与能力"等。目前课堂教学设问存在的不足——"三多三少"：解决现成的问题多，解决自己发现的问题少；有确定答案的问题多，开放性的问题少；结构良好的问题多，结构不良的问题少，即问题的边界、条件都很清晰明确，不需要学生去设定前提和假设。教学问题的设置要有针对性、逻辑性、挑战性、应用性。在深度课堂教学上，教学问题的设计不再是单一问题或者几个关联性不大的问题群，而是几个彼此相连、环环相扣的问题链。由浅及深、由表及里、从内容到本质是问题链教学的特征，这些特征也使得问题链教学成为课堂分层教学的有力策略。何以如此说呢？因为不论是按照分数本身分层分班，还是按照学科特长分层分班，都会在不同程度上遭遇教学实际的挑战，而问题链教学天然具有的特征使得不同学习层次、不同学习阶段的学生在面对同一情境下的问题链时，均可以参与到问题的解决中来。

创设基于跨学科主题设计的深度课堂教学，引导学生整合认知。在2019年6月国务院办公厅颁布的《关于新时代推进普通高中育人方式改革的指导意见》中，明确指出了教学中要注重加强课题研究、项目设计、研究性学习等跨学科综合性教学。单一学科并不能解决现实世界的复杂问题，未来发展与创新有赖于不同领域学科的通力协作。我们要发挥学校课程的整体育人功能，促进学生的综合素养发展，必须打破学科间的界限，加强知识的横向联系，实现不同学科内容的统整。同时，跨学科教学强调整合两个或两个以上学科的知识、观念与方法去考查和探讨一个中心主题、议题或问题，这为学生创设了在做中学的机会，让学生以综合和关联的方式在真实情境中提高问题解决能力与批判思维能力。应当特别指出的是，跨学科教学决不能各自为政，做成"拼盘"式教学，它必须有一定主题的统领。跨学科主题教学要做到既弱化学科界限，又不至于完全模糊知识内容的学科属性，教师要根据学生的认知能力和知识自身的逻辑规律，不断整合跨学科教材，按照一系列的主题进行教学。在一个阶段的学习后，事先确定一些主题，由围绕主题的相近学科教师集体备课，将学科知识重新编排，设计一堂由某一学科主导的跨学科教学,让学生认识到学科与学科之间的内在关系,让知识形成大的模块。

三、"三学三思"深度课堂教学模式操作流程

基于前文的研究,我们提出了"三学三思"深度课堂教学模式(图3-2-10),该模式以学生为中心,从教师、学生两个维度展开,关注学生在课堂上思维成长的过程。

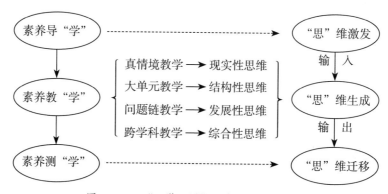

图 3-2-10 "三学三思"深度课堂教学模式

从教师维度上看,深度课堂教学立足核心素养,在新课导入部分,教师通过符合学情的导学设计,允分调动学生探求知识的积极性。当进入课程教授部分时,教师要将学科素养融入课堂教学中,从真情境、大单元、问题链、跨学科四项教学策略恰当选用其中几项展开教学活动。在随堂测试部分,教师以对话或笔试形式来检验学生的课堂学习情况,应当避免出现与知识背景相关度低的问题,以保证学生整体的参与度。

从学生维度上看,深度课堂教学时刻关注学生思维的成长,新课导入的主要目的是激发学生思维,当学生的活跃思维被唤醒后,

多种教学策略下的现实性、结构性、发展性、综合性思维也就顺其
自然生成了。应当指出的是，四种思维类型主要由对应的四种教学
策略所培养，但并不等于说四种教学策略不能培养学生的其他如逆
向思维、批判思维、聚合思维等思维类型。这就是思维的"输入"
过程，更准确地说是学生在教师引导下思维的自我生成。"输入"
只是思维成长的第一步，"输出"才能真正表现学生思维的成长。
学生通过思维的迁移运用，成功解决了随堂测试的问题，此时，深
度课堂教学才算完成任务。

第四章

深度课堂教学的资源支持：
思维共建　分层合作

第一节　分层走班的选课制度

深度课堂教学模式的构建，离不开各种校内外教学资源的支持，本章从校内选课、教研制度及成果推广经验等角度，对学校的教学资源进行阐述。

一、"分类、分层、综合"分班原则

在遵循学生身心发展规律的基础上，根据不同的学生自身基础知识状况、对知识的认识水平、智力水平、学习方法等的差异，实施分类指导、分层教学，更有利于全体学生的发展。基于此，我校进行了走班的探索。

我校围绕基于学科核心素养的国家课程、校本课程实施，聚焦教师教学方式与学生学习方式的转型，依据学科人才培养规律，按照"分类、分层、综合"的原则，结合学校现有条件和师资力量，研究建立适合学情、校情的选课走班制度，统筹班级编排、教师调配、学生管理、设施配置，形成"一生一表"，构建规范有序、科学高效的选课走班运行机制。

为保障走班制度，需形成科学规范、高效有序的教学组织运行机制。在高一年级完成选科、编班，正式开始选科走班教学。同时，各个年级能根据阶段性教学与考核任务以及学生学习情况的变化，及时调整课程安排、任教安排和教学班构成，在不断变化的新常态下保证教学组织的有序、高效。

二、"行政班＋教学班"走班模式

在班级设置方面，依据学科人才培养规律，结合新高考综合改革，依据高校专业选科要求，兼顾自身兴趣爱好、学业能力，按照"分类、分层、综合"的原则，形成适合学情、校情的"行政班+教学班"选课走班教学模式。

在班级管理方面，建设行政班班主任、教学班导师和德育导师三位一体的德育管理兼容并蓄的新格局，加强智慧校园建设，服务新课程走班教学，探索科学规范、高效有序的教学组织运行机制。

在班级评价方面，制订适应新课程的学分认定管理办法。对照新课标与新高考的要求，构建、调整、优化校内的学分认定方案，逐步构建具有我校特色的学分评价体系。

三、"统一＋个性"校本课程构建

我校按照2020年修订版的国家普通高中课程方案、各学科课程标准、新高考综合改革方案、新高考评价体系，整体规划三年课程安排，各学段各学科学习模块或内容，开齐国家课程，开足"3+1+2"模式课时，顺利对接新教材使用。充分挖掘课程资源，按照国家考试招生制度改革，依据新课标选修内容，调整课程设置。推进"基础+专项"体育、艺术、科技教育选课课程，开展

"统一+个性"校本选修课程，探索生涯规划、体育、美术、音乐、创客、信技、心理和社团活动等基于学生全面发展、以"健康+"为主题的跨学科课程，满足学生个性发展需求。

1. 开好国家课程

基于前期已有改革基础，按照国家课程方案与课程标准，依据新高考模式，结合学校办学理念，定位人才培养目标，积极开展新课程新课标相关主题研修，进一步提升国家课程的重构水平，开齐开足开好国家课程。

2. 开发选修课程

结合本校实际研究制定新课程新教材实施方案，按照国家课程方案与课程标准，开发开设丰富多彩的校本选修课程，为不同发展方向的学生提供多样化有选择的课程，构建"五育"并举的学校选修课程体系。

3. 开设强基课程

立足于校本课程，依托校内外名师，构建多层次、立体化的拔尖人才培养特色课程体系，为学生提供高端前沿、广阔纵深、多维度、多层次、多样化的学习资源。

第二节　研修共同体促进教师专业成长

一、组建研修共同体

我校探索混合式校本研修模式，立足学校实际，建立健全校本研修制度，依托教研组、年级组、备课组，打造教学研究共同体，围绕新课程新教材实施中的重点、难点问题开展多样化、常态化的教学研究。全力打造以年级组长为核心的年级组管理团队，以班主任为核心的班级管理团队，以备课组长为核心的教学管理团队。定期、定点召开科组长例会、班主任例会、备课组长例会、备课组活动和备班会，发挥集体力量，提高教育教学质量。

1. 构建"一师一案"专业成长体系

发挥"互联网+教育"作用，创设开放教研平台，整校推进校本研修活动，形成"互动式、研讨式"特色教研活动。落实学校《关于深入推进教育教学课题研究的措施方案》，形成"一师一案"校本研修新模式。

2. 形成"同研同培"研修机制

落实"决胜课堂"行动，推动适合学校发展目标，以科组引领，备课组为活动单元的优质课比赛、青年教师技能比赛、优秀课例观摩、同课异构、同课同构活动，形成"同研同培"教研机制，促进教师专业成长。

3. 充分发挥"三名工作室"辐射带动作用

以省、市、县（校）"三名工作室"为圈层，倡导成长驱动的课题研究取向，提高校本研修示范学校总结提炼、沉淀转化研修成果的能力，发挥校本研修示范校的引领和带动作用。

二、推动多项延伸课题立项

随着研修共同体的组建，我校扎实推进校本研修，鼓励教师积极申报省市课题，提高教师教研能力，促进教师专业成长（表4-2-1），我的"'双新'背景下普通高中深度课堂教学模式及其推进策略研究"被批准为2022年广东省中小学校本研修学校专项课题（图4-2-1）。

表4-2-1　学校的课题成果

立项编号	课题名称	主持人	负责人单位	重点/一般
2021SSW001	核心素养背景下中学深度课堂教学模式及其推进策略研究	黄德钦	汕尾市林伟华中学	重点
2021SSW002	高中英语整本书阅读教学实践研究	刘艳辉	汕尾市林伟华中学	重点
2021SSW005	高中思想政治活动型课堂培育学生高阶思维能力的策略研究	彭小立	汕尾市林伟华中学	重点
2021SSW014	高中历史学课堂教学学生高阶思维能力培养方法研究	刘　阳	汕尾市林伟华中学	重点
2021SSW015	高中美术教学中培养学生高阶思维的实践研究	余永月	汕尾市林伟华中学	重点
2021SSW018	学科核心素养视域下高中生物学课堂建模思维培养策略的研究	谢朕深	汕尾市林伟华中学	重点

续 表

立项编号	课题名称	主持人	负责人单位	重点/一般
2021SSW036	中学生体测指标配套训练方案的实效性研究	郭淑彤	汕尾市林伟华中学	一般
2021SSW072	基于"英语学习活动观"的高中英语听说课堂活动设计研究与实践	陈夏敏	汕尾市林伟华中学	一般
2021SSW089	基于核心素养的整本书阅读教学策略探索	李梁宇	汕尾市林伟华中学	一般
2021SSW115	基于学科核心素养视域下高中英语阅读课学生思维品质评价机制的研究	谢奕芬	汕尾市林伟华中学	一般
2021SSW123	智慧课堂在高中英语阅读教学中应用的研究	吴文娜	汕尾市林伟华中学	一般
2021SSW145	情境探究结合下的高中地理思维型课堂教学设计与研究	欧水明	汕尾市林伟华中学	一般

广东省中小学校长培训中心

立项通知

黄德钦同志：

经广东省中小学教师校本研修项目办公室组织专家评审，你申报的课题 " '双新' 背景下普通高中深度课堂教学模式及其推进策略研究" 被批准为 2022 年广东省中小学校本研修学校专项课题，课题编号为2022XBYX048，立项课题研究起始时间以下达通知之日为准。

广东省校本研修学校专项课题经费自筹，所需经费可根据《广东省中小学教师校本研修示范学校和示范培育学校工作指南》《广东省中小学名教师、名校（园）长、名班主任工作室的管理办法》列支。各项目负责人要根据相关科研项目管理办法，认真做好项目研究工作，按时保质完成研究工作，多出成果，推动工作。成果发表时须在醒目位置标明"××年度广东省校本研修学校专项课题（课题批准号：×××）成果"。

若对以上规定持有异议可以不接受，并请来函说明，立项通知自行废止。

广东省中小学教师校本研修项目办公室
广东省中小学校长培训中心（印章）
2022年6月14日

图4-2-1 省中小学校本研修学校专项课题立项通知

第五章

深度课堂教学的评价设计：

思维为本　以始为终

第一节　评价的内容与分类

评价是依据教学目标对教学过程及结果进行价值判断并为教学决策服务的活动，是对教学活动现实的或潜在的价值做出判断的过程。在教学中，我们要思考如何设计与目标相配套的评价，以保证教学目标的实现，若评价设计与目标偏离，最终很有可能同时导致教学与目标的偏离。本章对于深度课堂教学评价设计的理念、内容、方式进行阐述，以期对教学评价设计提供一些参考。

一、教学评价的内容

教学评价是研究教师的教和学生的学的价值的过程。广义的教学评价应该包括对教学过程中教师、学生、教学内容、教学方法手段、教学环境、教学管理诸因素的评价，但主要是对学生学习效果的评价和对教师教学工作过程的评价，因此教学评价有两个核心环节：对教师教学工作（教学设计、组织、实施等）的评价——教师教学评估（课堂、课外）和对学生学习效果的评价——考试与测验。

泰勒认为，目标旨在让学生的行为模式产生期望中的改变，评估就是这样一种过程，即判断这些行为实际上产生了多大程度的变化。因此在泰勒的目标模式中，所涉及的评价应更多是指向对学生学习效果的评价。评价始于目标，并能引导师生调整教学活动，最终促进目标的实现。深度课堂教学模式下，教师要关注学生素养水平的提升，因此传统的纸笔测试难以实现对学生全面的评估，我国《基础教育课程改革纲要（试行）》指出，"改变课程评价过分强调甄别与选拔的功能，发挥评价促进学生发展、教师提高和改进教学实践的功能"。在2017年版的《普通高中课程方案》中，对评价也做了一些建议，如"完善综合素质评价制度……指导学生客观记录成长过程，记录集中反映综合素质主要内容的具体活动。综合实践活动、选修课程的修习情况应作为综合素质档案的重要内容。教师要充分利用写实记录材料，对学生成长过程进行科学分析，加强对学生成长的指导"。"规范考试评价要求。校内评价或考试、学业水平考试、普通高等学校招生全国统一考试均应以本课程方案、课程标准和国家相关教学文件为依据……考试命题应注重紧密联系社会实际与学生生活经验，强调综合运用知识分析解决实际问题能力的考查，要有利于促进学生核心素养的发展。"这就要求教师在课堂评价改进上积极进行探索，实施素养导向的评价方式。

另外，为了促进教学质量的提升，对教师的评价工作也是必不可少的。对教师的评价应包含对其教学设计与教学实施的评价，教学设计关注教师对教学方案的设想和计划能力，如教学目标是否符合课标要求，是否能发展学生核心素养，活动设计是否合理严谨、主次得当，教学内容是否紧扣重难点，等等；教学实施则关注教师对课堂的组织能力，如是否能组织各项教学活动顺利进行，是否对课堂有掌控力，教态是否自然，板书是否清晰，等等。需要注意的是，深度课堂教学要求引导学生自主建构知识，在教学设计中就需要教师引用合理的情境，适时使用合作探究等方法激发学生的主观能动性，那么在评价设计上，这些要点也要有所体现。

二、教学评价的分类

依据教学评价的作用、标准、所处地位的不同，教学评价可以进行不同的分类：①依据在教学活动中所起作用的不同，教学评价可以分为诊断性评价、形成性评价、终结性评价；②根据评价主体的不同，教学评价可以分为内部评价和外部评价；③根据评价标准的不同和解释方法的不同，教学评价可以分为绝对性评价（标准参照评价）、相对性评价（常模参照评价）、个体内差异评价；④根据评价的呈现方式，教学评价可以分为定性评价和定量评价等（表5-1-1）。

表5-1-1 教学评价分类表

分类依据	评价类型	概述	应用
作用	诊断性评价	在教学活动开始前，为了解学生水平、保障教学实施而开展的评价	了解学情、优化教学设计
	形成性评价	教学过程中，为优化活动效果而修正其本身所进行的评价	适时获得反馈，调整教学活动
	终结性评价	教学告一段落之后做出的价值判断	对教学成果进行评估

续 表

分类依据	评价类型	概述	应用
主体	内部评价	自我评价，师生对自己的评价	加深自我了解
	外部评价	他人评价，评价对象之外的专业人员对评价对象做出的评价	客观发现问题
标准和解释方法	绝对性评价	标准参照评价。依据客观标准对评价对象进行评价	升级考试、毕业考试等
	相对性评价	常模参照评价。依据评价对象在常模中所处的位置进行评价	选拔和甄别
	个体内差异评价	以评价对象自身作为参照系，将其现在与过去进行评价	了解个体发展趋势
呈现方式	定性评价	对评价对象进行质的分析（非定量）	归类分析
	定量评价	对评价对象进行量的分析（定量）	评比选拔

在偏重升学率的传统教育中，教育者过度重视结果性评价，新一轮基础教育改革明确提出要发展形成性评价，将形成性评价作为学生学习评价的重要组成部分，形成性评价强调除了重视结果，也要重视过程，注重对学生能力的培养和习得过程的评估与测量。研究和实践表明，形成性评价是面向学科核心素养的评价，是从问题导向出发的评价，是落实新课程标准的有效评价手段。

需要指出的是，当提到"形成性评价"与"终结性评价"时，很多评价者会基于其名称，将关注点放到评价的实施方式上去，即认为二者的主要区别是在过程中还是在结束后收集数据。实际上，二者最大的不同在于它们的意义有差异，形成性评价主要的目的在于改进教学问题，而终结性评价的主要目的在于评估教学效果。为了更好地明晰每种评价的意义，厄尔在2013年提出了三种评价类

型，即学习性评价、学习的评价和学习式评价。其中学习性评价指
为了推进学习而进行的评价，学习的评价指为了评定学习水平而进
行的评价，二者的关系类似"形成性评价"与"终结性评价"的关
系，但可以避免因名称而带来的概念混淆。学习式评价指为了让学
生在学习中学会评价而进行的评价，这更多的是要让学生掌握自我
评价的能力，及时进行自我反思。

第二节　整合性逻辑下的评价设计理念

以往的教学中，师生往往更加偏重于结果性评价，评价的实现方式往往依赖于纸笔测验，因而这种评价更加偏重于对知识与技能的评价，而深度课堂教学指向的是学生素养能力的提升。基于此，罗日叶提出了整合性评价逻辑，借助真实性的情境，考量学生的知识迁移水平。

一、两种评价逻辑对比：终结性和整合性

罗日叶同时提出了终结性和整合性两种评价逻辑，所谓终结性评价逻辑，指知识与技能就是学习的终极性目的，在罗日叶的比喻中，知识与技能如同房顶上一块块细小的瓦片，终结性评价就是随机抽取其中一部分瓦片进行检查，如果没问题，就说明房顶铺好了。这种评价方式只能反映学生是否掌握了零碎的知识，无法反映学生是否有解决真实问题的能力，对素养的评价更无从谈起。

整合性评价逻辑则引入了真实性情境，考量学生知识的迁移能力。同样是铺房顶的例子，整合性逻辑好比用大块的石板来铺房顶。在前文我们曾提到过，情境是学生将知识与真实世界联系的纽

带，缺乏情境，学生难以意识到知识的应用价值，也就减少了学习的动机；此外，真实世界中问题的解决，往往是经过发现—表述—解决等几个步骤完成的，而在脱离情境的学校教育中，学生往往缺乏对问题的发现和表述，因此难以实现完整的问题解决过程，当学生面对生活中的真实问题时，就更加难以下手了。

深度课堂教学是素养导向的教学，在深度课堂教学的评价设计中，我们倾向于更多使用能体现素养的整合性评价。将真实情境融入评价设计之中，引导学生实现知识向真实世界的迁移。通常而言，素养的形成难以在单一的情境下实现，因此整合性评价中涉及的情境，往往是以某一或某几个大概念为核心形成的相关联的情境组。

二、真实情境的引入

真实情境是指为培养学生解决真实世界中问题的素养而创设的有真实性的情境。因此真实性情境的本质特征是真实性而非真实，即我们未必要寻找世界中真实发生的事情，但是它必须具有真实的特征，比如消防演练一般是模拟起火的场景，而不会真实地放一把火把大楼烧掉。实际上，在教学设计中，我们更多时候采用的是模拟的真实性情境，因为模拟情境往往具有更好的可控性，更低的风险和成本，也能更贴合教学要求。

这里我们可以用逼真度对于情境的真实性进行描述，逼真度指一个特定的模拟环境与现实世界一致性的程度。范梅里恩伯尔对于情境的逼真度提出了三重维度，即心理逼真度、功能逼真度和物理逼真度。心理逼真度指模拟情境复制真实情境中所经历的心理上的相似度，如使用模拟器进行训练；功能逼真度指模拟情境以类似真实情境的方式发挥作用的程度，如消防演练；物理逼真度则是指模拟情境与真实情境在"看""听""摸"等环境上的相似程度。从重要性来看，先有心理逼真度，再有功能逼真度，然后增加物理逼真度。

关于真实性情境的表现特征，刘徽老师结合威金斯、麦克泰格、李维斯等人的观点，提出了真实性情境应具有开放性、复杂性、多元性、限制性的特征。开放性指真实性情境的条件、资源、反馈是开放的；复杂性指真实性情境背景知识和解决问题过程本身的复杂性；多元性指问题的解决呈现出多元性；限制性指真实性情境的解决方案往往是相对最优的，而不是完美唯一的。

第三节 评价的方式

前文主要是对评价的基本内涵做了简要阐述，在本节中，我们将结合教学实际，对如何针对教学评价中的两个核心环节——教师教学工作、学生学习效果进行评价展开具体论述。

一、对学生的评价设计

评价设计的第一步，要明确评价任务。深度课堂教学的根本目的是发展学生核心素养，我们需要考量学生是否真正理解和掌握了某项内容，而非仅仅停留在识记阶段。这就要求我们的评价任务一方面要包含真实性的问题情境，另一方面要精准指向核心素养，避免在内容设计和形式设计上出现偏差，如当我们教授传记这一文体时，有的老师可能会布置让学生写自传这一评价任务，这就在内容设计上出现了偏差，因为名人传记与个人小传有较大差异，学生很可能完全写成生活性的记事文，这种时候，给学生提供一些名人材料，让学生依据材料写名人传记，可能是一种更好的选择。

根据不同的评价任务，可以选择不同的评价方法。刘徽老师在《大概念教学：素养导向的单元整体设计》一书中总结了基于不同评价目标的评价方法（图5-3-1），她认为评价目标从低层次到高层次可以分为低阶思维（单一技能）、高阶思维（复合技能）、情感维（元认知）、素养（大概念），对应的评价方法包括知识测验、课堂问答、思维导图、自我反思等。

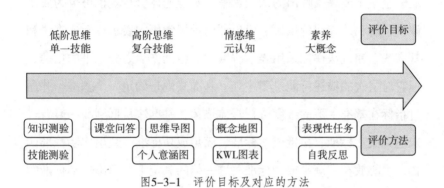

图5-3-1 评价目标及对应的方法

知识检测、课堂问答、技能测验、自我反思都是比较常见的评价方法，这里不再赘述。表现性任务是大概念教学中比较常见的，伴随有真实性问题情境的评价方法。概念地图、思维导图、个人意涵图、KWL图表都可以归纳为结构化思维工具。其中KWL图表中的K指Know，即知道什么，W指Want，即想知道什么，L指Learned，即已经学到了什么；个人意涵图则指学习者可以自由描述自己的想法，它不是像思维导图和概念地图那样对结构的要求比较高，而是更加灵活，也更能体现出个体差异。

素养目标是高阶目标，目标的构成是多样化的，因此我们设计的评价也是一个连续体，除了最终任务目标评价（往往是学习的评价）之外，在过程中可能也会穿插着学习性评价、学习的评价、学习式评价。特别是在学习早期，往往以学习性评价和学习式评价为主，帮助学生及时发现学习中的问题，适时做出改进；在中期若出现学习的评价，更多应是针对于单一技能和低阶思维这类基础内容。

在评价时，我们一方面要关注学生的成果，另一方面也要关注学生基于成果反映出的认知水平，对应的评价量规也可分为成果评价量规和认知评价量规。成果评价量规常用的表示法有递进法和基准法，递进法往往采用表示程度的等级词作为划分水平的依据，但它对层次的描述可能过于主观，基准法则是确定一个基准，并通过指标在基准上下的维度进行具体描述，基准法从低到高一般有远未达到成功标准、接近成功标准、满足成功标准、超出成功标准四档，重心放在"满足成功标准"这一档的制定上，超出成功标准的指标在分值上不应超过四分之一。对于认知评价量规，也有类似的递进法和基准法，只是设计的依据是认知的发展规律，即认知水平的分类。

二、对教师的评价设计

基于"三思三学"教学模式与"教—学—评"一体化的教育思想，我们编订了深度课堂教学评测表（表5-3-1），本评价表从素养导"学"、素养教"学"、素养测"学"三个维度共七个方面对课堂教学展开评价。导"学"部分侧重情境导入，激发学生思维；教"学"部分侧重课堂实施，促进学生思维生成；测"学"部分则是通过真实情境或适当的对话或笔试测验，评测学生的思维迁移能力。

表5-3-1 深度课堂教学评测表

深度课堂教学评测表						
班级				授课教师		
课堂内容				评测人		
课堂进程	学生思维	评价点	权重	评价等级（A、B、C、D）		分数
素养导"学"（10%）	"思"维激发	导入部分能制造认知冲突，有效激发学生学习动机	0.10			
素养教"学"（60%）	"思"维生成	采用问题、情境、单元、跨学科等教学策略，帮助学生生成发展性、现实性、结构性、综合性思维	0.20			
		发挥学生的主体作用，设置适当的合作探究环节，激发学生的创造性思维	0.15			
		发挥教师引导者的角色作用，对学生活动进行恰当的组织指引，促进学生思维生成	0.15			
		实施分层教学，兼顾指导不同层级学生思维的生成	0.10			
素养测"学"（25%）	"思"维迁移	以真实性情境检验学生对所学知识的迁移运用	0.15			
		以对话或笔试检验学生对所学知识的迁移运用	0.10			
加分项（5%）			0.05			
评语			总分			

本评价表将每一项指标划分为几个等级，评价者进行评课时按照指标内容选出相应等级。为了避免评定等级时中间等级被选过多的情况，本评价表将每项指标分为A、B、C、D四个等级，这四个等级分别赋以定值95分、80分、60分和30分，评价者在评价时只定等级不打分，等级评定结束以后再按照等级值将等级折合成分数，并结合具体权重算出总分，实行二次量化。

为了使课堂评价表更具备实践性和促进教学发展的功能，在评价表上增加了加分项和评语栏两栏。

加分项是当受评课堂出现一些评价指标没有包含但对提高教学有效、有帮助的内容时，评价者可适当加分，如前面所提到的"遇到突发情况能冷静、妥善处理"，不是每堂课都会出现一次特殊情况去考验教师的机智，但当某节课出现此情况而教师又处理得很好的时候，评价者就可以适当加分，以体现评价的激励功能。

评语栏是当一堂课评价完成后，教师评价者可以根据自己的经验和感受发表对此堂课的看法，可以是建议或思考，可以是提出表扬或指出缺点等，主要目的是给教师提供一些具体直观的参考，以体现评价促进教师专业化发展的功能。这种定性与定量分析相结合的评价方式将更有利于促进师生的进步和教学效率的提高。

下 篇

教学实践

第六章

深度课堂教学设计例选

第一节 数学深度课堂
——任意角的定义

【授课题目】

任意角的定义

【教学目标】

立足核心素养，运用"三学三思"课堂模式，恰当选用真情境、大单元、问题链、跨学科等教学策略，使学生思维从"输入"走向"输出"，让思维成长留下印记。

1. 结合生活实际，通过有效的数学实验，使课程内容情境化、具体化，培养学生对数学的兴趣和求知欲。

2. 通过有层次、步步推进的问题链，把任意角的定义和相关问题一步一步还原出来，借助问题间的逻辑关系，引导学生自主建构知识体系，培养学生逻辑推理能力和数学的创造意识。

【教材分析】

本节课选自人教A版必修第一册第五章第一节第一课时的内容，本节课既是对学生以前学过的角的概念的推广，又是学生今后学习弧度制与任意角的三角函数的知识基础，为进一步研究角的和、差、倍角、半角关系提供了条件，因此这节课起着承上启下的作用。

根据新课标的要求以及让学生更好地打下学习任意角的三角函数的知识基础，我把本节课的重点设定为掌握任意角的相关概念。由于任意角这一概念和学生以前学过的角是有区别的，所以理解引入任意角的必要性是本节课的第一个难点。而发现终边相同的角的共同特征对学生的探索能力是有一定的要求的，因此掌握终边相同的角的集合表示方法是本节课的第二个难点。

【学情分析】

高一学生经过初中数学学习，已经接触到角的定义，角的范围仅限于$0° \sim 360°$。结合实际生活中的例子，由教材的"思考"问题出发，引发学生的认知冲突，激发学生的求知欲望，让学生体会角的推广的必要性。学生在好奇心的推动下，会充分地调动自主探究的内在动力，学习本节内容困难不大。同时让学生利用类比和数形结合的思想，在动态的过程中（借助于钟表演示）体会"既要知道旋转量，又要知道旋转方向"才能准确地刻画角的形成过程的道理。

学生在理解终边相同的角的表示方法上，会出现障碍，其原因是：刚刚将角的概念推广，还不是很适应终边相同的角的"周而复始"这个现象的本质。针对这一部分的学习，可以从特例出发，通过观察几个特殊的角在直角坐标系中的位置，找到规律，学生经历由具体数值到一般的k值的抽象过程，更加符合认知发展规律。

建立适当的直角坐标系，画出任意角，并测出角的大小，同时旋转角的终边，让学生观察角的变化规律，从而将数与形联系起来，也将角的几何表示和集合表示相结合。

【教学过程】

（一）素养导"学"——"思"维激发

阅读并讨论：

（1）角是平面几何中的一个基本图形，角的大小是可以度量的。在平面几何中，角的取值范围如何？

（2）体操是力与美的结合，也充满了角的概念。2002年11月22日，在匈牙利德布勒森举行的第36届世界体操锦标赛中，"李小鹏跳"——"踺子后手翻转体180度接直体前空翻转体900度"，震惊四座，这里的转体180度、转体900度就是一个角的概念。

（3）过去我们学习了0°～360°范围的角，但在实际生活中还会遇到其他角。如在体操、花样滑冰、跳台跳水等比赛中，常常听到"转体1080度""转体1260度"这样的解说。又如钟表的指针、拧动螺丝的扳手等按照不同方向旋转所成的角，不全是0°～360°范围内的角。因此，仅有0°～360°范围内的角是不够的，我们必须将角的概念进行推广。

设计意图：引入实际生活例子，引导学生突破旧有思维的束缚，顺利找到思维的切入口；培养学生关注生活，从生活中学数学的意识。

（二）素养教"学"——"思"维生成

1. 实体操作

准备一个时钟，请同学们思考和讨论以下的问题。

问题1：假如时钟慢了一个半小时，你应当如何将它校准？校准后分针旋转了多少度？

问题2：假如时钟快了3个小时，你应当如何将它校准？校准后分针旋转了多少度？

要正确表达校准时钟的过程，需要同时说明分针的旋转方向和旋转量，这就需要对角的概念进行推广，从而有角的定义：

角可以看成平面内一条射线绕着端点从一个位置旋转到另一个位置所形成的图形，如图6-1-1所示。

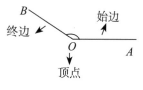

图6-1-1　角

设计意图：体会旋转对角的概念推广的实施性，感受到数学来源于生活，数学实验对数学发现的重要作用，同时也培养了学生的好奇心和求知欲。

2. 合作探究

问题3：在角的新定义下，你是如何理解α+β、α-β的？

小组讨论结果展示：设α、β是任意两个角。我们规定，把角α

的终边旋转角β，这时终边所对应的角是α+β，类似于实数a的相反数是-a，我们引入任意角α的相反角的概念。如图6-1-2所示，我们把射线OA绕端点O按不同方向旋转相同的量所成的两个角叫作互为相反角。角α的相反角记为-α。于是，像实数减法的"减去一个数等于加上这个数的相反数"一样，我们有α-β=α+（-β）。

这样，角的减法可以转化为角的加法。

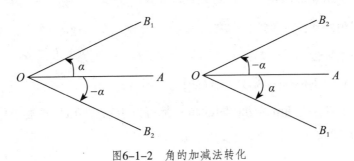

图6-1-2 角的加减法转化

问题4：你能说说在直角坐标系中讨论角的好处吗？

问题5：在直角坐标系中，135°角的终边在什么位置？终边在该位置的角一定是135°吗？

问题6：请你在坐标轴上画出30°、390°、-330°角，并说一说它们的共同点。

问题7：在直角坐标系中，终边相同的角有什么关系？你能用数学关系式表达它们的关系吗？

设计意图：通过问题串联探究活动各环节，使课堂有条不紊，设计有层次、步步推进的问题链，能够让不同层次的学生参与进来，同时也培养了学生严谨的逻辑思维能力。

3. 结论生成

问题4的探究结果有以下内容。

象限角的定义：若将角顶点与原点重合，角的始边与x轴的非负半轴重合，那么角的终边（端点除外）在第几象限，我们就说这个角是第几象限角。

问题5～7的探究结果有以下内容，由小组汇报得出。

终边相同的角都可以表示成一个0°到360°的角与k（$k \in Z$）个周角的和；一般地，所有与角α终边相同的角，连同α在内，可构成一个集合

$S = \{\beta | \beta = \alpha + k \cdot 360°，k \in Z\}$，

即任一与角α终边相同的角，都可以表示成角α与整数个周角的和。

设计意图：通过小组讨论，不断质疑，不断碰撞，培养学生善于发现和提出问题的学科素养，经历知识的生成过程，学生的数学思维得到锻炼，意义深远。

【随堂小测】

素养测"学"——"思"维迁移：

（1）在0°～360°范围内，找出与–950°12′角终边相同的角，并判定它是第几象限角。

（2）写出终边在y轴上的角的集合。

（3）写出终边在直线$y=x$上的角的集合S。S中满足不等式–3660°$\leq \beta <$720°的元素β有哪些？

设计意图：课堂练习是一种认知迁移，培养学生的逻辑推理素

养和实际应用素养，设置有层次的练习，培养学生迎难而上的挑战精神，同时增加了课堂的趣味性。

【教学反思】

教材是用于向学生传授基础知识、基本技能、基本思想方法的材料，教材研究是中学一线教师必备的功课。教师只有对教材深入理解和挖掘，才能通过"用教材教"发展学生的高阶思维，促进学生课堂的深度学习。传统的课堂过于形式化，按部就班，学生只会解决现成的问题，不能自己发现问题；只会解决确定答案的问题，不会解决开放性的问题。在实际的教学当中，灵活运用多种教学手段，能收到事半功倍的效果。要让学习真正地发生，简单的提问、大量重复的练习往往让学习者疲惫不堪，营造轻松高效的学习环境尤为重要。

第二节　英语深度课堂——Unit 3 Diverse Cultures Reading for Writing

【授课题目】

人教版高中英语（2019）必修三Unit 3 Diverse Cultures Reading for Writing

【教学目标】

立足核心素养，运用"三学三思"课堂模式，恰当选用真情境、大单元、问题链、跨学科等教学策略，使学生思维从"输入"走向"输出"，让思维成长看得见。

1. 语言能力与学习能力

（1）发展阅读能力：通过解读文本文体和篇章结构，进一步了解为什么选择介绍旧金山的唐人街，从而达到对文章的深层次理解。

（2）发展写作能力：通过赏析文本的内容及语言，尤其是使用带旅游性质的篇章词汇及句型，使文章的主题突出，写成一篇说服性强的介绍性语篇，使课程内容情境化，让学生学会模仿创造，成功迁移运用。

2. 文化品格与思维品质

（1）文化品格：通过挖掘作者的写作意图，体会介绍地点时突出特色文化的介绍，培养学生文化意识，树立文化自信。

（2）思维品质：在写作中通过小组共同创造和写作后的评价环节，培养学生的高阶思维。

【教材分析】

基于2020年版的新课标所倡导的英语学习活动观和单元大观念下，本单元的整体教学活动层次的界定如下：

1. Listening and Speaking: Talk about the origins of American food.

2. Reading and Thinking: Learn about a city that has diverse cultures. 〉理解

3. Discovering Useful Structures.

4. Listening and Talking: Talk about ethnic minority cultures in China.

5. Reading for Writing: Describe a place with distinctive cultural identity. 〉应用

6. Assessing your progress.

7. Project: Create a travel brochure. ——→ 创新

8. Video time. ——→ 理解

本板块在单元主题中的作用：在本单元中，Reading for Writing 介绍了一个具有显著文化特征的地点——旧金山的中国城，体现中国文化与美国多元文化的关系。

本课时为本板块的第二课时，第一课时深度学习语篇，重点分析了语篇的文体、结构、内容和语言，并布置作业An Introduction to Chinatown，为第二课时的写作产出做好铺垫。

What：本单元的主题是多元文化，作者选取了美国最悠久的旧金山唐人街，介绍了它的气候、历史、语言、建筑、特色景点、饮食风味等，充分展现了它作为中国文化展示窗口的独特魅力。

Why：本单元主题图呈现的是旧金山中国城的典型景象，Reading and Thinking部分也提到中国城，都为本板块做好了铺垫，它不仅是美国多元文化的重要组成部分，而且是传播中国文化的重要窗口，外国人在中国城也能近距离体验中华文化。学生通过学习语篇内容，可以了解和感受唐人街的文化特色，树立文化自信，增强民族自豪感。

How：本文是一篇带有旅游宣传性质的介绍性语篇，采用"总—分—总"的写作结构，使用的语言中多次提及tourist和visitors及其他与旅游相关的词汇，并且使用的语言通俗易懂，感染力和感召力强，内容逻辑性强，很多细节都是指向文章主题意义的。

【学情分析】

高一学生经过初中的英语学习，对于地点的描述有了大概的了解和一定的掌握。能力层面以识记和感悟为主，包括一些简单的理解。但高中阶段会更注重知识的迁移和运用，知识的内容也更有深度，因此，必须开展深度课堂教学，让学生学会在真实的情境下，将课堂中所输入的内容进行合理的输出，从而让学习能够真正地发生。

高一学生思维比较活跃，处于世界观、价值观正在形成的关键时期，课堂设计应该建立在理解基础之上的知识迁移运用，解决新情境、新问题。以主题为统帅、以问题为引领、以情境为基础的跨学科英语教学应该将教学内容人文化，赋予教学内容丰富的情感色彩，从而有助于培养学生的人文情怀，凸显人文学科在立德树人方面的独特价值。

【教学过程】

本课时为读写课的第二课时，第一课时已经深度学习语篇，并布置缩写作业An Introduction to Chinatown，为第二课时的写作产出做好铺垫和导入，然后让学生根据评价表从结构、语言、内容等方面进行评价。紧接着创设一个真实情境：网友看到杂志《中国国家地理》的封面图为汕尾，想进一步了解汕尾和来汕尾旅游。给出产出导向任务：为网友写一封邮件介绍汕尾，吸引网友来汕尾旅游。然后让学生带着任务，通过个人研学和小组合作在4个语篇中找出相关介绍地点的表达，达到多文本整体输入的效果，然后通过给学生观看汕尾宣传片，从视觉上输入相关词汇和表达，再给出表格与图片的支架，让学生通过小组合作共创输出，最后再展评作品并让学生分享与家乡相关的谚语，达到以立德树人为根本，树立文化自信和学科育人的价值导向。

（一）素养导"学"——"思"维激发

Step 1：Make a presentation：An introduction to Chinatown.（5mins）

此活动旨在对课文的阅读文本进行复习，根据所学知识，通过该活动去重组学习内容，建构出自己的知识结构，内化成自己的知识。学生主动参与学习活动，积极参与活动并展示个人作品。展示完后，学生对同学的作品根据评价表进行点评；老师再根据学生所展示的作品进行点评。从而达到生生互动和师生互动。

（二）素养教"学"——"思"维生成

Step 2：Situation.（5mins）

Your net-pal Jack is interested in Shanwei after reading the magazine *Chinese National Geography* and wants to pay a visit to your city. Please write an email to him and introduce your city briefly.

创设真实情境（网友看到杂志《中国国家地理》的封面图为汕尾，想进一步了解汕尾和来汕尾旅游），将所学课堂知识与学生的真实生活相联系。在主题探究活动中调动学生已有知识和经验，建构和完善新的知识结构，深化对主题的理解和认识。

Step 3：Read the four texts and summarize the expressions.（7mins）

根据产出导向法首先让学生独自去寻找相关主题的表达词汇与句型，然后再小组分享所找的表达。给学生提供丰富的不同体裁的语篇素材，通过学生主体活动去对4个语篇进行把握，使学生能够举一反三，为实现"迁移与应用"做好铺垫。通过同学间的交流内化所学知识。引导学生交流、沟通与合作，实现主动学习。

（三）素养测"学"——"思"维迁移

Step 4：Enjoy a video of Shanwei and then write back to Jack.（15mins）

创设多模态教学环境，在智能平板电脑上观看汕尾宣传片视频，然后采用异质小组组内分工合作形式，发挥各自潜能和特长，在有限的时间内完成邮件的中间段落的写作，并根据评价表进行同伴与自我评价。将所学的知识转化为学生综合实践能力，将间接经验转化为直接经验，并运用于生活实践中，将知识活化，直接现场展示，实时体现学生的学习成果。

Step 5：Show the sample writing and value judgement.（6mins）

展示教师的下水作文，让学生体会应该侧重突出介绍汕尾特色文化，引导学生爱家乡，树立文化自信。帮助学生形成正确的价值观，形成学生发展的核心素养，培养学生爱国爱家乡的情怀，实现学科的育人价值观导向。师生共同品读给出的范文，画出地点介绍的相关表达与句式。

Step 6：Homework.（2mins）

（1）（Group work）Create a travel brochure of your hometown.

（2）（Individual work）Write an introduction of your hometown and polish it.

课后拓展，小组合作制作家乡旅游宣传册；通过个人创作，进一步巩固所学知识。通过课后作业进一步巩固所学，实现技能的迁移创新。

【教学反思】

高中英语课程标准提出英语教学要在一定的主题语境中，基于不同的语篇，在主题意义引领下进行学习理解、应用实践、迁移创新等一系列体现综合性、关联性和实践性等特点的英语活动。

因此，除第一课时学习了课本的语篇外，本课时另选取同主题的4篇不同语篇，实施整合化学习，再次巩固本单元第一篇阅读里强调的归纳分类的阅读技巧，实现知识的迁移与创新。除此之外，本课时还运用信息技术与教育教学深度融合，制作相关汕尾宣传片，运用智慧教室，实现多维立体的深度学习高中英语课堂构建。注重学法指导，并且实现了教、学、评一体化，以评促教，以评促学；运用多模态教学，实现多维立体的深度学习高中英语课堂构建，培养学生的思维品质；情境创设真实，采用产出导向法，践行深度学习理念。

但是在具体的实施过程中，作为教师，仍需根据具体的课堂现场，做出符合情境的反应和指导，从而使学生成为课堂的中心，学生能真正地掌握"学什么（What）、怎么学（How）以及为什么学（Why）"，最终实现思维的提升。

第三节 思想政治深度课堂
——就业与创业

【授课题目】

就业与创业

【教学目标】

立足核心素养，运用"三学三思"课堂模式，恰当选用真情境、大单元、问题链、跨学科等教学策略，使学生思维从"输入"走向"输出"，让思维成长看得见。

1. 通过角色体验馆，复习"做个明白的劳动者""自主创业与诚信经营"等知识体系，构建思维框架，提高学生公共参与的意识。

2. 通过职业宣讲馆，让学生对于身边的职业有进一步了解，同时以身边人感人的宣讲引起学生的共情，通过榜样的力量引导学生寻找分享自己的精神引路人。培养学生的科学精神与政治认同。

3. 通过模拟招聘馆，让学生亲身体验创业与就业的部分步骤，并在自己营造的情景中运用已学习的知识发现问题、解决问题，教师引导其根据相应法律勇于维权、勇担社会责任。培养学生的法律意识。

4. 通过项目研学馆引导、鼓励、帮助学生共同完成"高中学业并考入理想院校"的项目任务，使教学成果延伸到课后，从而培养学生的深度学习能力。

5. 通过教师引领的手段，使学生重点认识到要用辩证的观点看待、分析、解决问题，并树立发展自己、建设祖国的信念。培养学生的辩证思维和政治认同。

【教材分析】

劳动就业与创业经营是学生走出校园、走向社会的两种主要形式。本节课是高二选择性必修二《法律与生活》第三单元"就业与创业"的综合探究课与复习课的结合（教学时间紧，任务重，综合探究与复习课相结合更适合新教材的授课节奏）。

本单元阐述就业与创业中的法律制度，既承接第一单元"民事权利与义务"的内容，又与第四单元"社会争议解决"相联系。通过学习前三单元的知识，同学们对于"民事权利与义务""家庭与婚姻""就业与创业"的知识已经有了相应了解，为本单元的复习做了充分累积，同时也使学生有了理论知识与实际践行相结合的基础，也是新课标所要求的讲授内容。

【学情分析】

高二年级学生具有以下特点。

1. 认知特点：学生好奇心强，对政治课重视不够，提到就业与创业总觉得距离自己很遥远，无须过多关注，但是选择对的教学方式、方法，贴近学生的认知特点，也能引起学生的重视与共情。

2. 知识基础：通过学习整个第三单元的知识，同学们对于就业与创业的知识已经有了相应了解，为本单元的复习做了充分累积，使学生有了理论与实践相结合的知识基础。总的来说，学生合作探究氛围浓厚，但理论联系实际的能力较弱。

3. 学科核心素养：本节课注重培养学生的公共参与、法治意识以及政治认同。目的是使学生学会用科学的方法解决实际问题。

【教学过程】

表6-3-1　教学过程

教学环节	教师活动	学生活动	设计意图
导入：视频导入引起共情（2分钟）总场馆：职业生涯规划馆	播放"奋斗中国的一分钟"引导学生的政治认同。同时教师以馆主的身份，发放邀请函，邀请学生游览职业生涯规划馆，并为学生介绍本场馆	学生观看视频后扮演游客，跟随教师的引领	设计意图：视频导入、角色扮演，激发学生的参与热情与政治认同
分享：送人玫瑰，手留余香——角色体验馆（体验篇场馆一）	教师组织学生观看学长、学姐录制创业的求助视频。教师介绍：1.体验项目：扮演创业专家，给予学姐学长相关建议。2.体验时间：专家研讨两分钟，专家代表阐述建议一分钟。3.友情提示：给予的建议要合法合理	学生分小组研讨后，派两个代表上台，一人负责分享研讨的成果建议，一人负责把关键词记录在黑板副板书上。最后把副板书拍照发送给学长、学姐	通过角色体验馆，圆了学生的专家梦，培养了学生的自信心，同时复习"做个明白的劳动者""自主创业与诚信经营"等知识体系，构建思维框架，提高学生公共参与与法治意识。在研讨中发挥团队协作精神，教师给予充分肯定，增强学生团队合作意识和自信心

教学环节	教师活动	学生活动	设计意图
感悟：芸芸众生，平凡英雄——职业宣讲馆（升华篇场馆二）	教师语言过渡：虽然通过第三单元"就业与创业"的学习，我们已经有了创业专家的雏形，但各位雏形专家对于生活中的一些平凡而又不平凡的职业还知之甚少，接下来有请各位专家与我共同移步至场馆二——职业宣讲馆。 介绍四位宣讲人： 1.宣讲人：吴某某 职业：医生 简介：汕尾市优秀共产党员，陆丰市人民医院保健科主任，医院疫情预防控制组组长。 2.宣讲人：吴某某 职业：警察 简介：汕尾市公安局刑警支队副支队长，四级高级警察。先后五次荣获个人三等功，一次个人二等功。 3.理想职业：消防员 未来宣讲人：霍某某 精神引路人：杨科璋 杨科璋烈士生前是服役于广西省玉林市的一名消防员。 4.宣讲人：唐某某 职业：教师 简介：广西数学学会优秀辅导员，共青团优秀团干部。多次荣获优秀班主任、优秀教师、先进工作者等荣誉称号	学生跟随教师体验身边人的职业宣讲，了解相关职业的同时，通过听取、分享感人事迹，找到自己的精神引路人。 给本班科任教师宣讲人唐某某献花，并集体起立鞠躬感恩。 作为未来宣讲人的学生课前需要准备相应素材	通过听取本班科任教师、身边同学以及家长的宣讲，让学生对于身边的职业有进一步的了解，同时感人的宣讲能够引起学生的共情，符合"三贴近"原则。通过榜样的力量引导学生寻找、分享自己的精神引路人。培养学生的政治认同。提高学生理论联系实际的能力

续 表

教学环节	教师活动	学生活动	设计意图
感悟：芸芸众生，平凡英雄——职业宣讲馆（升华篇场馆二）	（由于疫情原因宣讲方式各有不同，分别采取了视频宣讲、连线宣讲、委托宣讲、现场宣讲）		
展示：穿越未来，放飞梦想——模拟招聘馆（升华篇场馆三）	教师语言过渡：起而行之，攻坚克难，这就是平凡的劳动者们。百年巨变与世纪疫情交织叠加，为什么我们依然能够云淡风轻？正因有无数个像职业宣讲人一样坚守在平凡岗位的劳动者，他们执着专注，他们一丝不苟，他们追求卓越，他们每一个人，都能成为我们的榜样。课下请同学们完成相应的导学案，书写自己的精神引路人，并且相互传阅。带着这份感恩之心与榜样力量，我们继续前行，前往场馆三。介绍场馆三——模拟招聘馆。模拟任务：共同布置会场，成功创业、招聘或成功应聘岗位。准备素材：创业者：1.公司简介、经营项目。2.招聘要求（岗位职责、职位要求等）。3.面试问题。	1.学生课前准备：创业准备、公司简介、招聘岗位、精美简历。2.共同布置场馆：0组：凤凤文化有限公司1组：蓝天爱宠俱乐部2组：paradise食品有限公司3组：华中环保公司4组：vxxik潮牌工作室5组：星锦海鲜餐厅6组：荀令园房地产7组：BBQ自助烧烤店8组：Xxtwice传媒集团9组：蒽岚服装设计公司	通过学生课前收集素材，培养学生团队合作意识，使不同能力、兴趣的学生完成不同的任务，合作共赢。加强五育教育，使学生终身受益。实际上学生在课前准备环节已经对所学知识进行了复习，教师负责引导其内化于心。通过课上共同营造、展示、体验模拟招聘馆的情景，让学生亲自体验创业与就业的部分步骤，并在自己营造的情景中运用已学习的知识发现问题、解决问题，通过教师引导使学生根据相应法律勇于维权，积极回馈母校、回报家乡、回报祖国，勇担社会责任。培养学生的法律意识与深度学习能力，以及运用理论知识解决实际问题的思维力

续　表

教学环节	教师活动	学生活动	设计意图
展示：穿越未来，放飞梦想——模拟招聘馆（升华篇场馆三）	应聘者： 1.整理简历。 2.备考面试。 招聘流程： 1.创业者介绍。 2.应聘者介绍。 3.招聘者提问。 4.确定人选。 点拨引导：关键词——劳动合同、薪酬告知、就业歧视、依法纳税、诚信经营、公平竞争。 教师随机采访一位创业成功者、一位应聘成功者，引导学生向这两位成功人士学习，勇于维权，积极回报母校、回报家乡、回报祖国，勇担社会责任	10组：钙帮股份有限公司应聘林伟华教师的人员课前录制素材，课上展示视频"林伟华优质10班欢迎你"。 创业成功者将每年百分之五十的收入分配给了慈善活动	
引领：立足当代，振我华中——项目研学馆（践行篇场馆四）	教师语言过渡：再次祝贺大家成功创业或者成功求职，但这只是我们模拟的一种情景，同学们想不想在几年之后真正取得成功呢？想就请跟随我的脚步，继续前往场馆四。 介绍本次课后项目研学作业： 项目任务：完成高中学业并考入理想院校。 收集资料：理想大学的特色、简介、所选专业的相关要求。 制订计划：制定周期目标、长期规划。 小组协作：根据自身特点，成立学习合作小组，团结协作，互补学习	学生课后在教师的帮助下通过六个环节逐步完成项目任务。 学生齐声朗读： 功崇惟志，业广惟勤。 文思苦扰鬓边霜，笔意欣盈入目光。 伟业宜从勤学起，精耕且把地抛荒。 读书涮墨归沧海，吐字倾云锁大江	通过课后逐步完成项目任务，将课堂效果延伸到课后，将理论知识应用于社会实践，将所学知识内化于心的同时外化于行，提升自身素养。最后的诗朗诵起到了升华情感与引导树立志向的作用

续 表

教学环节	教师活动	学生活动	设计意图
引领：立足当代、振我华中——项目研学馆（践行篇场馆四）	点拨引导：班主任携全体科任教师引导督促。（全体华中教师做后盾） 预测成果：分期检测成果，以一模、二模为主。 2023年7月揭晓项目成果，让我们共同努力展翅高飞，创造属于我们的奇迹，不负师长之托，不负华中之望，不负青春之名。 本节课到此就接近尾声了，希望同学们通过本次智慧课堂和职业宣讲馆之旅能够有所收获，有所感悟。最后，我们以一首诗结束本次职业生涯规划馆的参观	万顷烟波风任荡，千年古韵就华章	

【导学案设计（前置小测）】

"就业与创业"智慧课堂导学案

叮叮智慧课堂逐梦之旅——职业生涯规划馆

四大分场馆介绍如下：

【场馆一】送人玫瑰，手留余香——角色体验馆

【场馆二】芸芸众生，平凡英雄——职业宣讲馆

【场馆三】穿越未来，放飞梦想——模拟招聘馆

【场馆四】立足当代，振我华中——项目研学馆

【场馆一】（体验篇）——角色体验馆

体验项目：扮演创业专家，给予学姐、学长相关建议。

体验时间：专家研讨时间3分钟，专家代表阐述建议1分钟。

友情提示：给予的建议要合法、合理。

专家建议记录。

立足职场有法宝：

心中有数上职场：

自主创业公平竞争：

诚信经营依法纳税：

【场馆二】（升华篇）——职业宣讲馆

宣讲人：吴某某医生、吴某某警察、唐某某教师、霍某某消防员。

观后感受：寻找自己的精神引路人，记录分享他的故事。

树立榜样（精神引路人）：

【场馆三】（升华篇）——模拟招聘馆

模拟任务：共同布置会场，成功创业、招聘或成功应聘岗位。

准备素材：

创业者：①公司简介、经营项目。②招聘要求（岗位职责、职位要求等）。③面试问题。

应聘者：①整理简历。②备考面试。

招聘流程：①创业者介绍。②应聘者介绍。③招聘者提问。④确定人选。

点拨引导　关键词：劳动合同、薪酬告知、就业歧视、依法纳税、诚信经营、公平竞争。

场馆布置：（公司简介、招聘岗位、精美简历）

0组：风风文化有限公司

1组：蓝天爱宠俱乐部

2组：paradise食品有限公司

3组：华中环保公司

4组：vxxik潮牌工作室

5组：星锦海鲜餐厅

6组：荀令园房地产

7组：BBQ自助烧烤店

8组：Xxtwice传媒集团

9组：莛岚服装设计公司

10组：钙帮股份有限公司

精美简历设计：

创业设计：

【场馆四】（践行篇）——项目研学馆

项目任务：

完成高中学业并考入理想院校。

收集资料：

制订计划：

小组协作：

点拨引导：

预测成果：

功崇惟志，业广惟勤。

文思苦扰鬓边霜，笔意欣盈入目光。

伟业宜从勤学起，精耕且把地抛荒。

读书涮墨归沧海，吐字倾云锁大江。

万顷烟波风任荡，千年古韵就华章。

【教学反思】

我一直致力于运用项目教学法助力深度课堂常态化，本节课依然是运用项目教学法的一节活动式体验课程，注重对学生进行生成主义和构建主义的教育，在教学中引导学生通过感性的情景活动去生成抽象的理论知识，让学生在思考议题与合作探究中，在实际情境与活动实践中，自主探索、自主领会、独立分析，增强学生运用辩证思维分析解决实际问题，以及发展自己、建设祖国的能力。本节课做到了个性化教学与全员参与相结合，总体达到了以下几点：课堂结构有梯度；情境情感有温度；学生活动有力度；核心素养有维度；课堂落实有深度。但是还存在一定的改进空间。

从宏观上来看：希望通过教学能力的不断提升，用教师的教学智慧去激发学生的学习潜能，用教师的教学情怀去浇灌学生的美丽心灵，用教师的教学技能去提升学生的学习实效。

从中观上来看：首先，问题设置可以更加生活化。如何将设问做到不生硬？需要从学生的"最近发展区"出发，提供具体情境，要"由近及远"。其次，学生活动尽可能全员参与。预设少一些，课堂生成多一些，让现场多一些火花。再次，学理升华到素养可以在最后环节，二者也可以在每个环节相交融。最后，议题的设计，一定要有凝练的语言。凝练，是一个老师科研能力水平的表现。

从微观上看：首先，回馈学生要深入，点拨要突出重点，评价要多元化；授课时间要把控得当，讲课语速要适度。其次，为学生预留充足的生成知识、分享收获、合作探究等活动的时间；注重提高教师本人和学生的提炼能力和探究能力，教学相长；最后，对副板书的运用要清晰合理。以"严谨求是"的冷静客观态度，"学无止境"的开放心态，"借古察今"的宏大视野，借助真情境、大单元、问题链、跨学科等教学策略，使学习真正发生，使思维成长看得见。

第四节　历史深度课堂——中国共产党领导下的新民主主义革命

【授课题目】

研究学习中国共产党领导下的新民主主义革命——以毛泽东诗词为中心

【教学目标】

1. 深度课堂主题化：组织跨学科教学，使学生理解并认同共产党是中国革命的领导力量，认识中国革命新道路开辟的意义，深刻理解中共成为近代革命的领导核心并率领中国人民创造历史伟业，是时代和人民的共同选择，培养学生树立正确史观和核心价值观。

2. 深度课堂整体化：整合教材，以"新民主主义革命"大概念为核心，引导学生构建大知识体系，了解新民主主义革命从兴起到胜利的重大史实，厘清历史事件之间的逻辑关联和阶段特征，培养学生的时空观念。

3. 深度课堂情境化：以毛泽东诗词为引领，梳理共产党领导新民主主义革命最终取得胜利的历程，理解新民主主义革命胜利的原因。通过课程内容情境化，让真实的学习能够在学生最近发展区发生；通过诗词阅读分析，使学生理解国民大革命、土地革命、抗日战争、解放战争等重大历史事件对新民主主义革命的意义，培养学生的历史解释能力。

4. 深度课堂问题化：运用唯物史观，引导学生认识新民主主义革命的历程是中国共产党领导中国人民争取民族独立与人民解放的奋斗史，是马克思主义中国化指导中国革命走向胜利的历史。促进学生思维发展，深化学生对共产党领导下的新民主主义革命的认识，培养学生学以致用、自主探究以及发现和解决问题的意识与能力。

【主要依据】

1.《普通高中历史课程标准》（2020年修订版）强调"历史课程的设计，既要注意与思想政治、语文、艺术（或音乐、美术）、地理、信息技术等课程的关联，又要有助于学生对其他课程的学习，力图使其与相关课程发挥整体作用，共同促进学生人文素养的发展"。从STEM教育课程——科学（Science）、技术（Technology）、工程（Engineering）、数学（Mathematics）的跨学科融合，到由此引申的STEAM教育理念——人文、艺术和理科知识的跨学科融合，其实质就是注重教会学生综合运用多学科知识、以创新思维解决现实问题的能力。这也为我们在历史教学中的跨学科整合与一体化推进，提供了很好的范式。毛泽东诗词的许多题目都是直接用重大历史事件命名的，与新民主主义革命过程结合紧密。在课堂教学中，可以将毛泽东诗词作为史料，应用于新民主主义革命史的教学过程中。运用毛泽东诗词帮助学生更好地理解新民主主义革命知识，在对毛泽东诗词的分析归纳中发展学生的思维，培养学生历史分析与探究的能力，帮助学生学习革命先烈的不屈不挠的奋斗精神和无私奉献的爱国精神，并形成正确、乐观、积极向上的价值观。

2. 现实中的教学往往是碎片化的，让学生学习许多碎片化的知识，反复进行碎片化的训练，而我们未来需要的是整体化（大概念大单元）教学，让学生先把握事物的整体构架，再进行部分的学习研究。深度课堂教学要求学生对一个体系先有一个整体上的构架结构认识，再认识体系各个具体的部分，然后再找到部分与部分之间的关系，从而形成一个完整认识。作为亲历者，毛泽东经历并领导的新民主主义革命，使得他的诗词呈现出一种历史的既视感。这一点是任何叙述都难以达到的，因此节选新民主主义革命期间的毛泽东诗词进行相应历史的学习成为可能。"文史一家人""政史不分家""史地一家亲"等说法充分说明人文学科是密切相关、息息相通的，尊重人、关心人、重视人是人文学科的价值观内核。统整人文学科相关知识，有助于发挥人文学科共有的育人功能，从而促进学生人文素养的发展。

3. 《普通高中历史课程标准》（2020年修订版）强调：教师要注意通过优化历史情境的设计，让学生理解当时人们所处的时代背景，并感受当时人们所面临的各种环境。情境是沟通历史与当下的桥梁，是学科知识转化为能力与素养的关键媒介。学生在学校学过的知识和现实生活建立不起联系，原因就是我们的课堂教学缺少真实的情境。基于问题引领的情境创设，既可以撬动学生跨学科思考的积极性，又可以提高学生的综合能力，培养学生的高阶思维，从而有效地提升学生历史学科的核心素养。毛泽东诗词具有情、理、志、史等的高度统一性，我们可以借诗词创设课堂情境，通过诗史结合的探究，使学生在学习中既可以找到中国新民主主义革命中许多重大历史事件的艺术概括和形象注释，又可以受到深刻的爱国主义教育和审美教育，增强课堂的感染力与吸引力，从而进一步培养与提高学生的历史意识、文化素质和人文素养。

4. 目前课堂教学设问存在的不足是"三多三少"：解决现成的问题多，解决自己发现的问题少；有确定答案的问题多，开放性的问题少；结构良好的问题多，结构不良的问题少，即问题的边界、条件都很清晰明确，不需要学生去设定前提和假设。教学问题的设置要有针对性、逻辑性、挑战性、应用性，引导学生深度学习。以新民主主义革命时期的毛泽东诗词为线索设计深度课堂需要多学科视角观察、思考的问题链，并充分考虑学生的最近发展区，从而实现问题化教学的目标。

【教材分析】

高一学生经过初中历史学习，对此阶段重大历史事件的主要史实和历史意义有所了解。能力层面以识记和感悟为主，包括一些简单的理解。高中阶段课时有限，不可能围绕每一次历史事件的背景、过程、结局、影响等分别构建细化的知识体系而追求每个"史事"本身的细和深，因为这样做既时间不足也不利于学生把握中国近代历史的大势，学科素养更无从谈起。因此，必须开展深度课堂教学，学习才能真正发生。

　　高一学生思维比较活跃，处于世界观、价值观正在形成的关键时期，课堂设计应该更加注重建立在理解基础之上的知识迁移运用，培养学生解决新情境、新问题的能力。以主题为统帅、以问题为引领、以情境为基础的跨学科历史教学应该将教学内容人文化，赋予教学内容丰富的情感色彩，以"了解之同情""同情之理解"领悟历史的真谛，有助于培养学生的家国情怀和人文情怀，凸显人文学科在立德树人方面的独特价值。

【教学过程】

（一）素养导"学"——"思"维激发

沁园春·长沙

　　独立寒秋，湘江北去，橘子洲头。看万山红遍，层林尽染；漫江碧透，百舸争流。鹰击长空，鱼翔浅底，万类霜天竞自由。怅寥廓，问苍茫大地，谁主沉浮？

　　携来百侣曾游，忆往昔峥嵘岁月稠。恰同学少年，风华正茂；书生意气，挥斥方遒。指点江山，激扬文字，粪土当年万户侯。曾记否，到中流击水，浪遏飞舟！

　　问题：结合语文课所学知识，说出这首词的写作背景与历史学科的关系。

　　设计意图：以学生熟知的文学情境导入，培养学生史学及文学素养。在引导学生对第一次国共合作的历史进行回顾的同时也引导学生从跨学科视角理解这一文学作品。

（二）素养教"学"——"思"维生成

土地革命时期

材料一：

西江月·秋收起义

军叫工农革命，旗号镰刀斧头。匡庐一带不停留，要向潇湘直进。地主重重压迫，农民个个同仇。秋收时节暮云愁，霹雳一声暴动。

问题：

（1）谁"要向潇湘直进"？为何？

（2）请你说说"暴动"受挫的原因。

（3）如果你是"暴动"指挥员，结合历史地图册，说说此时该怎么办？尝试从多角度分析毛泽东决策的合理性。

（4）从当时的政治形势，分析"工农武装割据"所采取的措施给中国革命带来的变化。

设计意图： 围绕"井冈山革命根据地"这个题目创设情境并设计问题链，环环相扣，引导学生跨学科思考较复杂的历史问题，既深化了学生对知识关联性的理解，又锤炼了学生的发散性思维。这首词的引用，充分发挥了学生的主体性，使学生积极参与讨论并学会史料实证、历史解释的学科素养。

抗日战争时期

材料二：

四言诗·祭黄帝陵

中华民国二十六年四月五日，苏维埃政府主席毛泽东、人民抗日红军总司令朱德，敬派代表林祖涵，以鲜花时果之仪致祭于我中华民族始祖轩辕黄帝之陵。而致辞曰：

赫赫始祖，吾华肇造。胄衍祀绵，岳峨河浩。聪明睿智，光被遐荒。建此伟业，雄立东方。世变沧桑，中更蹉跌。越数千年，强邻蔑德。琉台不守，三韩为墟。辽海燕冀，汉奸何多！以地事敌，敌欲岂足？人执笞绳，我为奴辱。懿维我祖，命世之英；涿鹿奋战，区宇以宁。岂其苗裔，不武如斯；泱泱大国，让其沦胥？东等不才，剑屦俱奋。万里崎岖，为国效命。频年苦斗，备历险夷。匈奴未灭，何以家为？各党各界，团结坚固。不论军民，不分贫富。民族阵线，救国良方。四万万众，坚决抵抗。民主共和，改革内政。亿兆一心，战则必胜。还我河山，卫我国权。此物此志，永矢勿谖。经武整军，昭告列祖。实鉴临之，皇天后土。

尚飨！

问题：

（1）此诗作于何时？说说时代背景。

（2）何谓"强邻蔑德"？用史实说明。

（3）此前近百年中国人民抵御外侮始终未取得完全胜利的原因何在？

（4）诗歌阐述了中国共产党怎样的抗战策略？结合教材内容，说说抗日战争取得完全胜利的原因何在。

（5）请你想想抗战与解决台湾问题的关系。（课上简单讨论，课下再次收集资料）

设计意图：通过渐次推进的问题设计，使不同学习层次的学生都可以参与到课堂中来，回顾中国人民对救国之路的探索，学生通过自主分析成败因素，自然明白了抗战胜利的原因。最终目的是结合时政，体现历史与现实的关联。

解放战争时期

材料三：

七律·人民解放军占领南京

钟山风雨起苍黄，百万雄师过大江。虎踞龙盘今胜昔，天翻地覆慨而慷。宜将剩勇追穷寇，不可沽名学霸王。天若有情天亦老，人间正道是沧桑。

问题：

（1）结合教材内容说说这首诗的创作背景。

（2）请说明中国共产党领导人民军队为什么能够赢得解放战争的胜利。

（3）"天若有情天亦老，人间正道是沧桑。"谈谈你对这句话的理解。

设计意图：学生需要结合课本，掌握具体历史史实，分析解放战争胜利的缘由。本课难点也是本课学习意义之所在——社会历史发展规律，对于这个上位的知识可以先由学生自由发言，教师注重把握学生的理解层次，再通过讲解来提升学生的认识，从而更好地帮助学生形成学科思维和学科素养。

【随堂小测】

素养测"学"——"思"维迁移

材料四：

七律·长征

红军不怕远征难，万水千山只等闲。五岭逶迤腾细浪，乌蒙磅礴走泥丸。金沙水拍云崖暖，大渡桥横铁索寒。更喜岷山千里雪，三军过后尽开颜。

问题：

（1）在地图填充册上根据诗中的线索，小组合作查阅资料翻看地图，按照诗词顺序写出红军长征经过的现行省级区域，简单画出长征路线图。

（2）同学之间讨论长征途中主要地点的地形、气候、水文、区域差异等会对长征造成什么影响。

（3）说说红军长征给我们留下了什么精神财富。

设计意图：通过有层次、步步推进的问题链，培养学生跨学科思维以及合作解决问题的意识，学习红军长征史，体悟长征精神，帮助学生厚植革命情怀。

【教学反思】

统编高中历史教材知识容量大，内容覆盖广，叙述概括性强。传统的面面俱到、流水账式的教学方式在"双新"背景下是难以做到对该教材的全面深刻把握的，也不适应信息时代和社会的需求。教师有必要转变教学方式，开展以学生为主体的深度课堂。历史教学的目标，也应从知识传授变为学科育人，注重培养学生核心素养，强调提高学生综合运用各项知识解决实际问题的能力，促进学生全面成长。

"三学三思"模式是实现上述目标的有效路径。它以学生为中心，从教师、学生两个维度展开，关注学生在课堂上思维成长的过程。综合运用导、教、测的方法，由引导学生兴趣激发学生思维开始，到恰当选用真情境、大单元、问题链、跨学科的策略开展教学活动，帮助学生生成现实性、结构性、发展性、综合性的思维，再到以对话或笔试的方式检验学生思维迁移运用的能力。最终帮助学生完成从思维的"输入"走向思维的"输出"。

虽然在日常教学中，我们不可能把每堂课都上成公开课，但每堂课可以力争做到两点：一是给学生带来一点观念上的碰撞；二是带给学生一些情感上的触动。我们应抱有"严谨求是"的冷静客观态度，"学无止境"的开放心态，"借古察今"的宏大视野，借助真情境、大单元、问题链、跨学科等教学策略，使学习真正发生，使思维成长看得见。

第五节　地理深度课堂——降水的影响因素分析

【授课题目】

降水的影响因素分析

【教学目标】

高中地理课程特别是高三的地理教学如何落实学生核心素养的培养，给高中地理教师提出了新挑战。高三的复习课以往强调的是对所学知识的总结归纳、应用训练，新课程标准的出版和高考命题方向不断变革要求中学教师重新审视自己的教学理念和教学方法。

本节课采用过程教学法，通过对降水过程的讲解来分析影响降水的因素，而降水过程的讲解又是用问题式教学法，设计问题链，用设问来链接整个过程，以区别于传统的课堂教学，这样既能激发学生的学习兴趣，又能锻炼学生的思维能力。

1.让学生了解什么是降水及形成降水的必备条件。

2.通过形成降水的过程性分析，总结影响降水的因素。

3. 运用所学知识原理分析：同一区域不同时间段降水的差异特征及原因；同一时间段不同区域降水的差异特征及原因。

4.培养学生学会分析解决基于现实情境的地理问题，提升学生的地理核心素养。

【教材分析】

地球上的大气是高中地理知识体系中的重点和难点，而气温和降水又是地球上大气的两大主要要素，本节课通过线下线上教学以微专题的形式来重点分析影响降水的因素。大气降水是一个较复杂的过程，受多种因素的影响，在不同时空条件下降水量存在明显差异，同时也深刻影响其他自然地理和人文地理的事物，在我们高三地理二轮复习中非常有必要把其作为重点知识来讲解分析。

【学情分析】

本节课的授课对象是高三下学期的学生，经过前面的一轮复习，学生能掌握基本的地理知识和原理，做题分析能力也有较大提高，但对所学地理知识的记忆和理解碎片化现象明显，知其然不知其所以然，面对现实情境中的地理问题难以灵活运用所学知识去解答，综合分析思维不足。

【教学过程】

（一）素养导"学"——"思"维激发

本节课以基于情境创设的问题作为导入，问学生：为什么汕尾海丰地区降水比汕尾城区多？汕尾地区的学生对汕尾区域的自然环境比较熟悉，他们了解汕尾的地理位置、气候类型、大气环流、地形等地理特征，但具体到分析比较两个区域的降水差异，对于他们来说还是有一定挑战性的。然而基于自身熟悉情境提出的问题又更能激发他们的好奇心，借此好奇心的驱动来导入本节课主要内容，能取得比较好的效果。教师不急于讲解问题的答案，让学生思考后再来讲解到底什么是降水，哪些因素会影响降水，它们是如何影响降水量、造成降水的时空差异等一系列问题。最终又回到我们导入的问题，用所学知识和原理来解释这一现实情境中出现的现象。

（二）素养教"学"——"思"维生成

问题链设计：

设问一：什么是降水？

降水是我们日常生活中极为常见的现象，而正是因为常见，所以大多数人忽略了关注现象的原本面貌。降水一般是指水以液体或固体的形式从上空飘落下来（图6-5-1）。

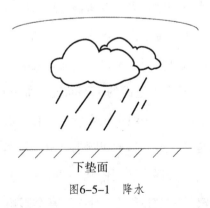

下垫面

图6-5-1　降水

设问二：降水是如何形成的？

降水是近地面水汽上升遇冷，达到饱和后，依附于凝结核凝结成液体或固体，有一定重量后向下飘落（图6-5-2）。所以形成降水的前提条件是要有足够的水汽，那什么因素会影响某一区域的水汽含量呢？从而推导出设问三。

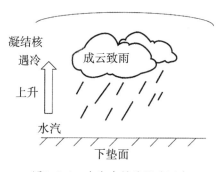

图6-5-2　水汽含量的影响因素

设问三：影响某一区域水汽含量的因素。

某一特定区域的水汽含量可以从外界输入和自身包含两个角度去考虑，外界水汽的输入需要分析该区域盛行风和洋流的影响，如来自海洋的盛行风会带丰富的水汽，来自陆地则是相对干燥的气流，暖流对流经区域有增湿效果，而寒流则是减湿。区域本身如何影响水汽含量主要考虑下垫面的干湿状况，如湖库湿地、森林草地、岛屿半岛及近海区域一般水汽含量高。有了水汽会不会一定形成降水？从什么是降水这一基本问题来分析，答案是否定的，要形成降水必须是水汽上升遇冷达到饱和（图6-5-3），也就有了接下来的设问四，水汽是怎样上升的，什么因素会影响水汽的上升？

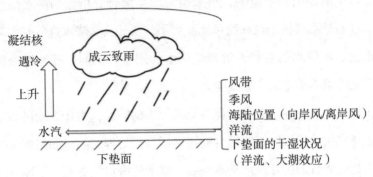

图6-5-3　形成降水的综合影响因素

设问四：水汽是如何上升的？受哪些因素的影响？

水汽上升有受热上升、地形抬升、冷暖气团相遇暖气团被抬升、气旋的旋转上转等形式，了解了水汽的上升方式，就能顺理推导出影响水汽上升的因素：气压带、地形、锋面、气旋、下垫面冷热状况等（图6-5-4）。反之若某区域受高气压带、反气旋或地处背风坡等因素影响，则盛行下沉气流，不易形成降水。

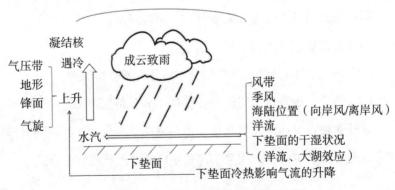

图6-5-4　形成降水的多种影响因素

有了前面的四个设问，再来引导学生综合分析影响降水的因素，就不是靠机械记忆和简单地罗列了，从什么是降水这一基本问题出发，用降水的过程拆解影响降水的因素，既能很好地解决问题，又能培养学生综合思维能力。

最后再来引导学生分析课堂导入提出的问题：为什么汕尾海丰地区降水比汕尾城区多？结合汕尾地区自然地理实际，汕尾城区和海丰县城盛行的主导风向基本一致，城区近海水汽更充足，理应降水更多，但是水汽要上升遇冷达到饱和才能真正形成降水，海丰县城距海虽稍远，但水汽含有量也是比较丰富的，而海丰县城北部背靠海拔较高的莲花山脉，正好地处东南季风的迎风坡，水汽的抬升作用比城区更强，所以降水更多。学以致用，解决了基于真实地理情境提出的问题。

【随堂小测】

素养测"学"——"思"维迁移

阅读习题册日本气温、降水分布，回答问题。

（1）指出影响日本降水量的因素。

（2）指出日本1月降水量空间分布特征，并分析原因。

（3）指出乙地降水的时间分布特征，并分析原因。

设计意图：通过设计问题链，循序渐进，有区别于传统的教学模式，更好地落实素养测"学"，充分锻炼学生的思维能力。

【教学反思】

本节课优点在于以设计问题链的形式通过剖析降水的过程来分

析影响降水的因素，逻辑清晰，主次分明。影响降水过程的两大因素——水汽含量和水汽抬升，在不同时空背景下差异较大，学生要真正掌握这两大要素对降水的影响，需要针对不同情境提出的相关问题进行对比分析，学会活学活用。

第六节　物理深度课堂——动量守恒定律

【授课题目】

动量守恒定律

【教学目标】

立足核心素养，运用"三学三思"课堂模式，恰当选用真情境、大单元、问题链、跨学科等教学策略，使学生思维从"输入"走向"输出"，让思维成长看得见。

知识目标：①会利用动量定理和牛顿第三定律推导动量守恒定律。②理解动量守恒定律的确切含义和表达式。③知道动量守恒定律的应用条件和适用范围。

能力目标：能推导出动量守恒定律，培养学生的逻辑推理能力。

德育目标：通过实验探究动量守恒定律，培养学生实事求是的科学态度。

【教材分析】

动量守恒定律，是本章的核心内容，对该内容的学习是在学生学习了动量、冲量和动量定理之后，以动量定理为基础，研究有相互作用的系统在不受外力或者所受合外力为零时所遵循的规律。动量守恒定律是动量定理的深化和延伸，且由于它的使用范围十分广泛，所以学好动量守恒定律对发展综合处理问题能力是很重要的。

【学情分析】

高一学生虽然物理学习时间已经达到了两年半，但鉴于初中物理的知识比较基础，高一学生尚未真正形成良好的物理思维。对于我校高一学生而言，本节内容相对会比较难以理解，需要老师从动量、冲量和动量定理的知识慢慢加强牵引到多个物体间的动量守恒上来。

【教学过程】

（一）素养导"学"——"思"维激发

环节一：引入

提问：动量定理的内容是什么？

学生回答：合外力的冲量等于动量的变化。

引入：我们已经知道动量定理，它适用于单个物体；那么多个物体所构成的系统，在发生相互作用前后各自的动量发生了什么样的变化？整个系统的动量又将如何？

就比如说，静止站在光滑的冰面上的甲乙两个人，甲推了乙一把，他们各自都向相反的方向运动，他们的总动量会怎样？其动量变化又遵循什么样的规律呢？今天我们就来学习第三节——动量守恒定律。

设计意图：通过复习动量定理的内容，加强学生的物理观念，再配以学生熟悉的物理情景，引入课堂，激发学生进行科学探究，培养学生科学态度与责任。

（二）素养教"学"——"思"维生成

环节二：概念界定

多媒体展示：

一、几个基本概念

1. 系统：有相互作用的几个物体所组成的整体，称为系统。

2. 内力：系统内各物体间的相互作用力称为内力。

3. 外力：外部其他物体对系统的作用力称为外力。

以光滑冰面上甲乙两人互推为例，若以两人为系统，相互的推力为内力，两人所受的重力与支持力为外力。

说明：内力和外力的区分依赖于系统的选取，只有在确定了系统后，才能确定内力和外力。

设计意图：展示和定义有关动量守恒定律的几个基本观念，将物理观念根植于学生的思维意识中，也有助于学生对接下来内容的学习。

环节三：实验探究

提问：两个物体发生相互作用时，每个物体的动量有变化吗？一个物体动量的变化和另一物体动量的变化有无联系？下面我们来探究这个问题。

实验目的：探究组成系统的两个物体碰撞前和碰撞后的总动量有何规律。

实验器材：气垫导轨、光电门（2个）、数字计时器、滑块

（2个）。

实验过程：介绍实验器材、实验原理以及实验过程，并开始操作实验。

最后得出实验结论：在实验误差允许的范围内，碰撞前的总动量等于碰撞后的总动量。

设计意图：通过学生亲自动手实验的方式验证动量守恒定律，培养学生的科学探究能力。

环节四：理论推导

光滑水平面上，有两个质量不同的滑块匀速同向滑行，$V_2 > V_1$，两滑块会相撞吗？碰撞过程中，两滑块的动量是否变化？m_1动量的变化与m_2动量的变化有怎样的联系？（学生进行分组讨论并推导）

推导过程：设碰撞过程两滑块的平均作用力分别为F和F'，碰撞时间为Δt。根据动量定理：

滑块1：$F\Delta t = m_1 V_1' - m_1 V_1$

滑块2：$F'\Delta t = m_2 V_2' - m_2 V_2$

由牛顿第三定律：$F = -F'$

因此可得：$m_1 V_1' - m_1 V_1 = -(m_2 V_2' - m_2 V_2)$

提问：上式还可以怎样整理？

学生整理为：$m_1 V_1 + m_2 V_2 = m_1 V_1' + m_2 V_2'$

上式表明：两滑块相互作用前的总动量与相互作用后的总动量是相等的，而以两滑块作为系统，说明了系统的总动量守恒。

上式可简写为：$P_1 + P_2 = P_1' + P_2'$ 或 $P = P'$

这个等式的成立有没有条件呢？我们来分析两滑块碰撞时的受

力情况。

学生回答：每个滑块受到重力、支持力和另一滑块的作用力。两滑块是一个系统，重力与支持力相平衡，即外力之和为零，只有相互作用的内力。

思考：若水平面是粗糙的，上式怎样变化？系统总动量还守恒吗？

学生再重新推理：系统受到外力——摩擦力，设滑块1所受摩擦力为f_1，滑块2所受摩擦力为f_2。

滑块1：$(F-f_1)\Delta t=m_1V_1'-m_1V_1$

滑块2：$(F'+f_2)\Delta t=m_2V_2'-m_2V_2$

$F=-F'$

则：$m_1V_1'-m_1V_1+f_1\Delta t=-(m_2V_2'-m_2V_2-f_2\Delta t)$

即：$m_1V_1'-m_1V_1\neq-(m_2V_2'-m_2V_2)\rightarrow m_1V_1+m_2V_2\neq m_1V_1'+m_2V_2'$

总结：系统在受到不为零的合外力作用时，总动量会发生变化。因此，系统在不受外力或受外力之和为零时，系统的总动量保持不变。这就是动量守恒定律。

板书：

二、动量守恒定律

动量守恒定律：系统不受外力或所受外力之和为零时，这个系统的总动量保持不变。

表达式：$m_1V_1+m_2V_2=m_1V_1'+m_2V_2'$ 或 $P_1+P_2=P_1'+P_2'$ 或 $P=P'$

对动量守恒定律的理解

（1）矢量性：动量守恒的方程是一个矢量方程。

（2）瞬时性：动量是一个瞬时量，动量守恒指的是系统内任一瞬间的动量和守恒。

（3）相对性：应用动量守恒定律时，应注意各个物体的速度必须是相对同一参考系的速度。

条件：不受外力或所受外力之和为零。

这个条件还可以扩展为：系统受到外力，但外力之和远小于内力。

举例：炸弹在空中爆炸。以整个炸弹为系统，重力为外力，弹片的相互作用力为内力，弹片的相互作用力远大于重力，系统动量近似是守恒的。

思考与讨论（课件展示）：

1. 在光滑水平面上有两个载有磁铁的相向运动的小车，当两个小车相碰时，两小车组成的系统动量守恒吗？学生思考后回答：

两小车在运动过程中，相互排斥的磁力属于内力，整个系统的外力即重力和支持力的和为零，所以系统动量守恒。

2. 已知光滑水平面上，子弹水平射入木块后留在木块中，两者以相同的速度压缩弹簧，在上述过程中子弹、木块、弹簧组成的系统动量守恒吗？学生思考后回答：

系统所受的外力有：重力、地面对木块的支持力、竖直墙对弹簧的支持力，三者之和不为零，所以系统动量不守恒。

三、动量守恒定律的适用范围

既适用于解决宏观低速运动问题，也适用于解决微观高速运动问题。

设计意图：通过理论推导，得出动量守恒定律的内容和适用范围，既加强了学生的物理观念、科学思维，又加强了学生的科学态度与责任，实现学科的核心素养培养，还使学生的深层次思维得到了充分的锻炼。

【随堂小测】

素养测"学"——"思"维迁移

环节五：课后练习

如图6-6-1所示，两木块A、B用轻质弹簧连在一起，置于光滑的水平面上。一颗子弹水平射入木块A，并留在其中。在子弹打中木块A及弹簧被压缩的整个过程中，关于子弹、两木块和弹簧组成的系统，下列说法中正确的是（　　　）

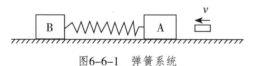

图6-6-1　弹簧系统

A.动量守恒、机械能守恒

B.动量守恒、机械能不守恒

C.动量不守恒、机械能守恒

D.动量、机械能都不守恒

学生小结，完成练习，代表发言。

设计意图： 通过课后习题检验学生对动量守恒定律内容的掌握情况，通过解释答案的形式实现思维由"输入"到"输出"的转变，提升思维深度。

【教学反思】

本节所讲为第一课时，旨在得出动量守恒定律的内容，并阐述清楚动量守恒的条件，我秉着物理教学离不开实验的思想，采用了实验探究和理论推导相结合的方式得出动量守恒定律，在实验探究过程中，实验较成功，记录的数据充分地说明了两个物块碰前和碰后的总动量守恒，理论推导过程学生也积极参与进来，课堂气氛令人满意，达到了预期的教学目标。后面打算对动量守恒定律成立的条件列出两道例题进行加强、巩固，但由于通过实验验证动量守恒定律时使用的时间过多，导致后面时间不够，因此本节课对时间的把握上并不理想，后面安排的内容没有讲完，好在本节课的目标——得出动量守恒定律已达到。

第七节　化学深度课堂——原电池

【授课题目】

原电池

【教学目标】

立足核心素养，运用"三学三思"课堂模式，恰当选用真情境、大单元、问题链、跨学科等教学策略，使学生思维从"输入"走向"输出"，让思维成长看得见。

单元整体目标

1. 体验化学能与电能相互转化的探究过程，了解原电池和电解池的工作原理，能写出电极反应和电池反应方程式。

2. 通过查阅资料了解常见化学电源的种类及其工作原理，认识化学能与电能相互转化的实际意义及其重要应用。

3. 能解释金属发生电化学腐蚀的原因，认识金属腐蚀的危害，通过实验探究得出防止金属腐蚀的措施。

原电池课时具体目标

1. 通过原电池的实验探究，学生学会基于问题和实验提出自己的观点，并运用证据对观点推理和反驳，发展学生的科学论证和科学探究能力。

2. 通过单液电池—双液电池—膜电池模型的建构，学生发展比较和辩证的意识和思想，经历探究原电池如何提供稳定持续电流的过程，了解科学探究的步骤，体现出实验探究与创新意识的化学核心素养。

3. 通过介绍原电池发展史和电车中的锂离子电池，学生感受科学探究的艰辛与喜悦，提高学习兴趣，体会化学学科的魅力，增强科学精神和社会意识素养。

【教材分析】

（一）单元整体分析

"电化学基础"单元位于选修四《化学反应与原理》，属于必须选学模块，笔者从以下角度对教材进行分析。

（1）地位与作用

① 本章属于高中化学基本理论知识体系中的一个重要内容，有关电化学的知识是历年高考的必考点与热点，同时也是学生学习难点之一。

② 本章内容是必修一中"氧化还原反应""离子反应"等知识的巩固和强化，也是对必修二中"化学能与电能"内容的拓宽和加深。

③ 本章知识结构编排为：先掌握了原电池的工作原理，进而学习原电池的应用，即一次电池（碱性锌锰干电池）、二次电池（铅蓄电池）和燃料电池等，再学习电解池工作原理，在此基础

上，学习电解的应用，即氯碱工业、电镀、精炼电冶金，粗铜精炼等，体会电化学在社会发展的重要作用；最后学习金属腐蚀和防护的原理，通过实验探究和课堂论证讨论，培养学生的科学论证能力、合作交流能力、实验探究能力和解决问题能力等。

（2）课时分配

根据课程需要，制订"电化学基础"单元教学课时分配表（表6-7-1）。

表 6-7-1 "电化学基础"单元教学课时分配

章节	内容	课时安排
第一节	原电池	2课时
第二节	化学电源	2课时
第三节	电解原理应用	3课时
第四节	金属的腐蚀与防护	2课时
复习	本章重难点复习	1课时
测评	单元测试、讲评	1课时

（二）原电池课时具体目标

（1）从知识体系角度看，原电池原理是中学化学重要基础理论之一，是课标要求的重要知识点，占有十分重要的地位，也是进一步理解实用电池、电化学腐蚀和防腐原理的基础，因此本节内容在电化学学习中起到一个承上启下的作用。

（2）从知识内容角度看，本节内容从原电池模型上升到盐桥原电池、膜电池模型，深化学生对原电池原理、构成条件和优化设计的认识，需要学生在知识和能力上进行一次较大的跨越，如何寻找学生的"最近发展区"，帮助学生完成跨越是本节教学重点要解决的问题。

（3）从思维能力角度看，在本节教学中，学生通过对原电池实验的观察分析、论证解释，归纳总结，重点发展实验探究、证据推理和模型认知素养。

【学情分析】

在学习本单元知识之前，学生已有基本的电学知识基础和基本的实验操作能力，同时在必修一已经学习了氧化还原反应和离子反应的相关知识，在必修二"化学能与电能"主题下学习了锌铜单液原电池和常见化学电源的相关知识，对原电池的工作原理初步了解，并且对电化学有了初步的认识。

已知点：对原电池原理已有初步认识，具有一定的实验探究能力。

障碍点：氧化剂和还原剂只有接触才可能发生氧化还原反应，电解质溶液必须是水溶液才能构成原电池，电解质溶液中电流如何产生，等等。

发展点：通过实验活动对原电池原理形成完整认识，学生形成问题意识，提高科学论证和解决问题的能力。

【教学过程】

（一）素养导"学"——"思"维激发

导入：回顾高一所学单液原电池传统实验，教师现场演示锌铜单液原电池数字实验，学生观看演示实验（图6-7-1）。

图6-7-1　锌铜单液原电池实验

问题：发现单液原电池电流易衰减，且锌片表面有黑色物质生成，请思考出现这种现象的原因是什么。为了避免这种现象的出现应该如何改良电池呢？（图6-7-2）

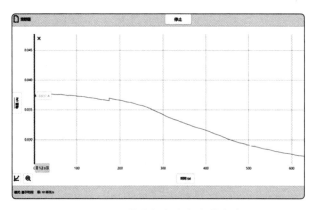

图6-7-2　单液原电池电流易衰减

设计意图：将锌片和铜片分别插入$CuSO_4$溶液，并用导线连接两极和电流计，观察实验现象，一段时间后发现锌片的异常现象，出现黑色物质，形成认知冲突，激发学生解决问题的积极性，认识实验在化学研究和学习中的重要作用，引导学生发现单液原电池电流效率不高，应该把直接能发生氧化还原反应的电极与电解质溶液分开，避免直接接触，发展学生证据推理的科学论证能力。

（二）素养教"学"——"思"维生成

问题：为了能产生持续稳定的电流应该在两个池里反应，那么如何构成闭合回路？请同学们选用下列仪器和药品，画出双液锌铜原电池的模型：

灵敏电流计、铜片、锌片、导线、烧杯、$ZnSO_4$溶液、$CuSO_4$溶液、装有琼脂的KCl饱和溶液的盐桥。

教师活动：带领学生利用盐桥完成实验，同学们观察并思考。（图6-7-3）

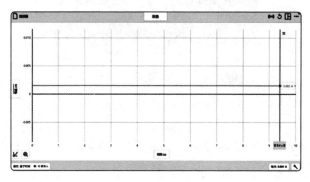

图6-7-3　$ZnSO_4$和$CuSO_4$电解质溶液

问题：

（1）为什么要选$ZnSO_4$和$CuSO_4$这两种电解质溶液？能不能选用其他的电解质溶液？

（2）整个双液原电池中，产生稳定电流的工作原理是什么？

（3）盐桥在双液原电池中的作用是什么？它是如何起作用的？

设计意图：引导学生在论证问题的讨论交流中提升科学论证能

力，发展学生证据推理和模型认知素养。对同学们双液原电池的论证学习进行归纳总结。

课件展示：

1.条件：两个半电池、盐桥、合适的电解质溶液。

2.半反应电池中电解质溶液的选取原则。（负同正参与）

3.盐桥的作用：平衡电荷，形成闭合回路。

问题：盐桥虽然可以形成稳定的电流，但是电流非常小，我们要如何改进才能进一步增大电流呢？（图6-7-4）

图6-7-4　实验示意图

设计意图：由于盐桥原电池电阻大而电流小，故引导学生改进实验，用润湿有饱和KCl溶液的滤纸代替盐桥，增大电流，完成双液膜电池实验，体现出实验探究与创新意识的化学核心素养，现做实验图像现分析，增强学生读图能力。

素材：

随着各地"限牌"政策的推出，电动汽车成为汽车界的"新宠"。某知名电车品牌生产的电车使用的是钴酸锂（LiCoO₂）电池，其工作原理如图6-7-5所示，A极材料是金属锂和碳的复合材料（碳作为金属锂的载体），电解质为一种能传导Li⁺的高分子材料，隔膜只允许Li^+通过，电池反应式为$Li_xC_6+Li_{1-x}CoO_2=C_6+LiCoO_2$。

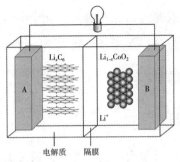

图6-7-5 电池工作原理

问题：分析原电池的工作原理，标出正负极、电流移动方向，并写出电极方程式。

设计意图：让学生感受科学探究的艰辛与喜悦，切实体会化学就在身边，感受化学与生活息息相关，培养学生科学探究的精神。

【随堂小测】

素养测"学" —— "思"维迁移

1. 书面作业：

基于反应$2Fe^{3+}+Cu=2Fe^{2+}+Cu^{2+}$设计双液原电池，并论述工作原理。

2. 动手实践——拓展提升

制作任务（以小组为单位）：

仪器和药品：灵敏电流计、铜片、锌片、导线、培养皿、橘子、蘸氯化钠溶液的滤纸、吸有果汁的导管。（材料可合理替换）

（1）利用所给实验材料制作橘子的单液、双液原电池模型以及"橘子灯"。

（2）利用生活中的材料自制电池。

设计意图：调动学生的课余时间，让学生学以致用，锻炼学生的动手能力和团队精神，激发学生的化学学习兴趣，同时调动学生对事物的整体认识思维。

【教学反思】

电化学基础知识容量大，关联性强，通过大概念对知识进行组织和管理，建立了知识间的内在联系。利用实验现象推测单液原电池的弱点，是基于证据的推理过程，改变在实验中注重动手但缺少思考的现状，强调了高级思维活动，实现了深度学习。通过宏微结合，形成原电池认识的基本模型，通过演示实验、课后实验、层层递进的问题等，引导学生深入思考，促进学生全面成长。本节课在设计中侧重了学习理解层次的说明论证，应用实践层次中的简单设计，迁移创新层次中的推理、探究、创新等学科能力指标，是一节思维容量大、能力要求高的课，以深度教学的形式进行，课前、课上、课后实现连续性、系统化设计。

第七章

深度课堂推广运用例举

第一节　汕尾市林伟华中学2022年决胜课堂教学比赛评价表

项目	内容	要求	分数	得分
知识深度	"深层学习"和"知识迁移"	1.教学内容科学准确，符合课程标准，突出教学重难点； 2.教学内容的组织与编排符合学习者的认知规律，逻辑性强，过程主线清晰、重点突出； 3.教学内容与现实环境进行有意义的关联和互动，促进知识的深层次理解； 4.引导学生应用知识解决新情境中的问题	25分	
思维深度	注重高阶思维培养	1.问题情境要与教学主题和学习目标相匹配，且具有一定的进阶性、开放性，引导学生探索解决问题的方法与路径； 2.学习方法的指导，如写作方法、阅读方法、推理演算、调研分析、动作技能、实验操作技能等，能引导学生触类旁通、融会贯通，自主学习； 3.知识构建过程中引导学生采取比较、分析、概括、评价、批评、创造等方法	25分	

续 表

项目	内容	要求	分数	得分
教与学的关系	构建"师生学习共同体"	1.充分凸显学生主体，以学生为中心，教师科学引导，构建师生学习共同体，课堂中师生真诚对话、平等交流； 2.教师讲授准确生动、深入浅出，有效突破了教学重难点，不同起点的学生均能参与到课堂活动中； 3.学习目标和学习内容与学习情境进行有机整合，激发学生的学习兴趣	25分	
教学策略	情境任务+问题导学	1.创设真实、贴切情境，使学生在情境中产生问题，引导学生深度思考，找到解决问题的方法； 2.设计学生探究、讨论、辩论、成果展示等活动，为学生提供展示机会，中肯评价学生，激发学生学习热情，提升学生的参与度与积极性； 3.关注学生学习品质，培养自主学习的习惯	25分	
总得分				
评委签名				

第二节 汕尾市林伟华中学"深度课堂"视域下2023届高三一轮备考策略汇报评分表

内容	要求	满分	分值	得分
研究考情	①对高考评价体系、新课标、新教材、新高考等进行理论研究，分析高考方向、考查内容、考查要求、考查载体； ②对高考真题、适应性考试、市统考等试题进行分析，通过反填双向细目表，明确核心考点、能力要求、命题结构、难度、特色等，分析趋势和方向； ③明确一轮备考复习资料使用策略，典型例题、习题、检测题的选择方向和要求	20分	优秀20分 良好16分 合格12分 不合格8分	
研究学情	对各层次考试、调查问卷、检测、滚练、答题等数据进行统计分析，摸清学情： ①各层次学生分布及差异性情况； ②各层次学生对不同类型试题、核心考点的能力水平、答题情况、应试策略等情况； ③明确一轮备考复习的必备知识、关键能力，确定课堂突破的重点、难点等	20分	优秀20分 良好16分 合格12分 不合格8分	

续 表

内容	要求	满分	分值	得分
科学备考	①有清晰、详细的备考复习计划，有针对本科临界生、优投临界生的磨尖、培优和扶弱计划安排； ②有严密的微专题体系和逻辑结构，能有效帮助学生建构学科知识网络、思维方法等； ③能基于学情、考情、目标、存在问题等提出有针对性的备考策略	35分	优秀35分 良好28分 合格21分 不合格14分	
课堂有效	①案例能体现考情、收集学情、精准备考； ②教学案例体现应用"大单元、大概念、大体系"策略，教学设计思路清晰（突出思维外显式深度复习），重点突出； ③课堂策略、例题、材料等选取要确保各层次学生在课堂复习中都有收获	20分	优秀20分 良好16分 合格12分 不合格8分	
时间	汇报时间控制在25分钟内	5分	本项5分，超时不得分	
总分				
备注				

第三节　在区域示范、引领、
辐射中的运用

一、第一次送教下乡活动

2022年1月6日至7日，我带领课题组成员吴炎雄、彭小立前往红海湾经济开发区白沙中学开展送教下乡活动。

1月6日，课题组来到红海湾经济开发区白沙中学，以讲座、示范课、听评课、交流互动等环节开启第一站送教活动。我结合自身多年的成功办学经验，介绍了开展深度课堂教学模式的研究成果，立足高质量发展，用心打造常态式、主题式、联动式、网络式教研平台，充分发挥课题组的示范、引领、辐射作用。我立足该校校情和办学现状，提出了几个发展建议。一是要以课题研究为依托，构建教师成长共同体，促进教师专业发展。二是构建多元课程建设，促进学生的多元优质发展，追求整体办学水平的提高。三是立足校本教研，助推课堂改革，提升教育教学质量。

送教下乡共成长，情暖课堂话技巧。这两天，彭小立老师为红海湾经济开发区白沙中学高三学生做了"高中思想政治主观题解题技巧"专题讲座。

彭老师针对汕尾高三学生的现状和存在的困惑,就答题的痛点、学科能力的薄弱点、提升成绩的关键点等问题做了系统的剖析、诊断,结合具体命题情境做了详尽的解释。从阅读材料寻找主题句引导学生构建逻辑链条,根据设问识别材料与答案的关联情况,组织答案要合理选择框架等方面来引导学生高效答题。通过本次讲座,学生们深受启发,重新树立了解题信心,收获满满。

送教下乡促交流,情暖人心共奋进。吴炎雄老师为红海湾经济开发区白沙中学高三学生奉上了以"汲取奋进伟力,厚植家国情怀"为主题的班会课。

班会课上,吴老师让同学们明白了珍惜当下、缅怀先烈、认真学习的意义;通过以新时代楷模事迹为典范,与同学们分享新时代榜样力量,展现中国新时代精神谱系;通过项目式小组合作方式,鼓励引导学生认真思考,积极主动参与主题班会讨论。本次主题班会激发了学生们知党爱党、知史爱国的热情,让同学们筑牢了精神根基,坚定了理想信念;也让学生们意识到在以后的学习生活中要不怕困难、坚强乐观,善用"伟力"激励自己奋勇前行。

二、第二次送教下乡活动

为深化对新课标、新教材、新高考的理解和实践,进一步检视"深度课堂"视域下的高三一轮备考策略,2022年10月15日,我带领课题组成员就"深度课堂"模式与陆河县河田中学举行交流活动。两校相关行政领导、教师参加了本次活动。

上午的活动在热烈友好的气氛中开始。首先,我致欢迎辞,要立足新时代，在教育教学改革的大潮中，继续加强两校之间、工作室之间、教师之间多方面的交流学习。通过学校之间经验的充分交流碰撞，造就生动活泼的教研局面，进而形成本地教育特色，为推动汕尾教育的高质量发展贡献力量。

接着，汕尾市林伟华中学两位高三教师代表谢思楠、许建崇分别就深度课堂背景下的生物、数学一轮复习策略做汇报。两位教师的汇报紧紧围绕深度课堂要求，用翔实的数据、周密的分析、严谨的逻辑对本届高三复习备考做了全面深刻的报告。两位老师的汇报各具风采又紧扣主题，充分说明了汕尾市林伟华中学2023届高三备考工作的扎实与用心。陆河县河田中学李轶老师就省名教师工作室建设、陆河县河田中学语文备考策略等方向进行了介绍和分享。李老师指出，工作室建设和备考应以"求真务实"为原则，从"六重视"的角度阐释了语文学科在复习备考方面的方法和经验。

随后我从学校文化塑造层面对一轮备考策略汇报进行解读，现在汕尾市林伟华中学每一届高三都会对两轮复习策略进行精准、有效的汇报，学校在继续深化备考策略文化的基础上守正创新，出新招、见真效。本届高三教师有不少人是第一次带毕业班，高二组织了"名师+新师"的教学活动，促进了新教师的快速成长。

三、第三次送教下乡活动

为全面落实立德树人根本任务，充分发挥"深度课堂"教学模式的示范、辐射、引领作用，2022年11月29日，我带领课题组成员到海丰县林伟华中学开展了送教下乡活动。海丰县林伟华中学领导、教师代表等参与了此次活动。

课题组按照既定要求，分组展开交流，进课堂听评课，与该校师生展开了热情友好的交流。各成员分别对该校同课异构教学进行点评。

严春果副校长：生物学科两位老师都能比较好地结合课程标准设定教学目标，教学思路清晰，课堂容量合理；以生活、生产情境为载体，根据学情，合理设计问题，层层递进，引导学生理解重点知识点；教师在教学过程中都能比较好地注重课本，引导学生回归教材。

彭小立老师：思想政治课堂充分展示了两位老师对新课程改革的思考深度和探索精神。结构化设计、情境化教学、议题式引领、辨析式学习、价值性统筹等教学策略，充分展现该校思政课的显著特色。其探索新课程新教材的课堂教学风格，对该校教师及工作室成员的教学起到了很好的借鉴作用。

郭慧忠老师：历史学科两位老师的同课异构都能立足于大概念教学，对"三新"背景下的课程把握精准到位，一方面通过开展游戏活动充分调动了学生积极性，课堂体现了趣味性和高效性。另一方面通过将大量图片和阅读材料推进课堂，使教学内容得到细致讲解，注重学生能力培养。

吴炎雄老师：物理学科两位老师教学设计思路清晰、重难点突出，授课素材选择贴近生活、贴近学情，授课理念新颖。课堂中紧紧围绕"科学探究"和"科学思维"核心素养的培养，发展学生的"思维力"，特别注重学生课堂生成性问题的解答，立足学情，由易到难、由浅入深、循循诱导、因材施教。

我对课堂改革提出三点建议：一是要确立主题，以主题引领课堂变革；二是要处理好课堂改革中课堂"表现"与学生"思维"培养、教师"解惑"与师生"激辩"、知识"输入"与"输出"、"选科走班"与"分层教学"、"老教师"与"三新"这五个关系问题；三是要以课程改革为抓手，提升学校品牌建设。

在"深度课堂"理论指导下，我校各位教师对教育发展新趋势的敏锐洞察和对县域高中新问题的科学研判，赢得了与会人员的一致认可，大家纷纷报以热烈的掌声。我们一定要在未来的教育教学中，奋力谱写学校高质量发展的新篇章！

调查问卷

一、深度课堂教学现状之教师问卷

尊敬的老师：您好！

为全面了解我校课堂教学质量情况，特制订本问卷。请仔细阅读题干，并在您认为最符合实际情况的选项上打钩（每题只能选择一个选项）。本问卷是无记名问卷，我们会保护您的个人隐私。您填写的结果，供本课题组做理论分析，为学校及时改进工作，进一步推动学校的高质量发展提供参考。请放心作答，感谢配合！

您的性别是	男				女			
您的年龄是	25岁及以下	26~30岁	31~35岁	36~40岁	41~45岁	46~50岁	51~55岁	56岁及以上
您的最高学历是	大专		本科		硕士		博士	
您的教龄是	5年及以下		6~10年		11~15年		16年及以上	
您的职称是	二级教师		一级教师		高级教师		正高级教师	
您现在教的年级是（可多选）	高一		高二			高三		

续 表

您教的科目是												
语文	数学	外语	政治	历史	地理	物理	化学	生物	音乐	美术	体育	信息技术
我的课堂坚持学科知识与立德树人相统一							完全没有		很少	较多		很多
我熟悉学科核心素养，能严格按照新课标要求上课							非常不同意		不同意	同意		非常同意
我熟悉新教材内容							完全不符合		基本不符合	基本符合		完全符合
我掌握新高考变化及方向							非常不同意		不同意	同意		非常同意
我的课堂教学思路清晰、专业扎实、学科用语准确							完全不符合		基本不符合	基本符合		完全符合
我的课堂教学各环节时间安排合理							完全不符合		基本不符合	基本符合		完全符合
我的课堂教学能围绕学生展开互动而不是自说自话							非常不同意		不同意	同意		非常同意
我对教学问题的设置有针对性、逻辑性、挑战性、应用性							非常不同意		不同意	同意		非常同意
我能根据教学目标设计不同情境							非常不满意		不满意	满意		非常满意
我能不断挖掘和整合教材，在大单元基础上进行教学设计							非常不同意		不同意	同意		非常同意
我能按照一系列主题进行跨学科教学							完全不符合		基本不符合	基本符合		完全符合
我会根据学科特点和学生差异灵活运用多种教学方法							非常不同意		不同意	同意		非常同意
我会结合教学内容分层布置作业							完全不符合		基本不符合	基本符合		完全符合

	不了解，不操作	了解，基本不操作	熟练，经常操作	主动探索利用大数据
我会利用考试测评数据分析来改善课堂教学的程度是	不了解，不操作	了解，基本不操作	熟练，经常操作	主动探索利用大数据
我在教学过程中对信息化手段的应用情况是	几乎不用	用一些	用大部分	全部能用上
我会根据课堂教学需要合理运用评价工具检测学生学习效果	非常不同意	不同意	同意	非常同意
我的课堂学生之间关系和睦，合作良好	非常不同意	不同意	同意	非常同意
我的课堂师生之间相互尊重，教学关系融洽	非常不同意	不同意	同意	非常同意
我的教学水平需要提升	非常不同意	不同意	同意	非常同意
我会指导学生在学习过程中自主探究，创造性地解决问题	非常不同意	不同意	同意	非常同意
我的课堂反馈及时，能有效体现人文关怀	非常不同意	不同意	同意	非常同意
我会根据学生的不同特点进行学法指导	非常不同意	不同意	同意	非常同意
我在课堂中能培养学生分析和解决问题的能力	非常不同意	不同意	同意	非常同意
我在课堂中有效培养了学生的高阶思维能力	非常不同意	不同意	同意	非常同意
我通过评价发现学生成绩变化情况及原因的能力	很差	较差	较强	很强
多少学生喜欢我和我的课堂	完全没有	很少	较多	很多
我有办法通过各种方式深化学生的学习	非常不同意	不同意	同意	非常同意
我了解并开展过深度课堂教学	非常不同意	不同意	同意	非常同意

二、深度课堂教学现状之教师问卷数据分析

附表1　信度分析

样本量（个）	项目数（个）	Cronbach.α 系数
55	34	0.856

附表2　第1题　您的性别是［单选题］

选项	小计（人）	比例	
男	23		41.82%
女	32		58.18%
本题有效填写人次	55	—	

附表3　第2题　您的年龄是［单选题］

选项	小计（人）	比例	
25岁及以下	1		1.82%
26～30岁	9		16.36%
31～35岁	15		27.27%
36～40岁	12		21.82%
41～45岁	9		16.37%
46～50岁	5		9.09%
51～55岁	3		5.45%
56岁及以上	1		1.82%
本题有效填写人次	55	—	

附表4　第3题　您的最高学历是［单选题］

选项	小计（人）	比例	
大专	0		0
本科	39		70.91%
硕士	16		29.09%
博士	0		0
本题有效填写人次	55	—	

附表5　第4题　您的教龄是［单选题］

选项	小计（人）	比例	
5年及以下	11		20.00%
6～10年	12		21.82%
11～15年	13		23.63%
16年及以上	19		34.55%
本题有效填写人次	55	—	

附表6　第5题　您的职称是［单选题］

选项	小计（人）	比例	
二级教师	18		32.73%
一级教师	22		40%
高级教师	14		25.45%
正高级教师	1		1.82%
本题有效填写人次	55		

附表7 第6题 您现在教的年级是［多选题］

选项	小计（人）	比例	
高一	18		32.73%
高二	23		41.82%
高三	14		25.45%
本题有效填写人次	55	—	

附表8 第7题 您教的科目是［单选题］

选项	小计（人）	比例	
语文	8		14.55%
数学	11		20.00%
外语	5		9.09%
政治	2		3.64%
历史	8		14.55%
地理	4		7.27%
物理	7		12.72%
化学	5		9.09%
生物	4		7.27%
音乐	1		1.82%
美术	0		0
体育	0		0
信息技术	0		0
本题有效填写人次	55	—	

附表9　第8题　我的课堂坚持学科知识与立德树人相统一［单选题］

选项	小计（人）	比例	
完全没有	0		0
很少	4		7.27%
较多	25		45.46%
很多	26		47.27%
本题有效填写人次	55		—

附表10　第9题　我熟悉学科核心素养，能严格按照新课标

要求上课［单选题］

选项	小计（人）	比例	
非常不同意	0		0
不同意	0		0
同意	37		67.27%
非常同意	18		32.73%
本题有效填写人次	55		—

附表11　第10题　我熟悉新教材内容［单选题］

选项	小计（人）	比例	
完全不符合	0		0
基本不符合	1		1.82%
基本符合	25		45.45%
完全符合	29		52.73%
本题有效填写人次	55		—

附表12　第11题　我掌握新高考变化及方向［单选题］

选项	小计（人）	比例	
非常不同意	0		0
不同意	3		5.46%
同意	37		67.27%
非常同意	15		27.27%
本题有效填写人次	55		—

附表13　第12题　我的课堂教学思路清晰、专业扎实、

学科用语准确［单选题］

选项	小计（人）	比例	
完全不符合	0		0
基本不符合	0		0
基本符合	31		56.36%
完全符合	24		43.64%
本题有效填写人次	55		—

附表14　第13题　我的课堂教学各环节时间安排合理［单选题］

选项	小计（人）	比例	
完全不符合	0		0
基本不符合	2		3.64%
基本符合	37		67.27%
完全符合	16		29.09%
本题有效填写人次	55		—

附表15　第14题　我的课堂教学能围绕学生展开互动

而不是自说自话［单选题］

选项	小计（人）	比例	
非常不同意	0		0
不同意	3		5.46%
同意	31		56.37%
非常同意	21		38.18%
本题有效填写人次	55		—

附表16　第15题　我对教学问题的设置有针对性、逻辑性、

挑战性、应用性［单选题］

选项	小计（人）	比例	
非常不同意	0		0
不同意	2		3.64%
同意	34		61.82%
非常同意	19		34.54%
本题有效填写人次	55		—

附表17　第16题　我能根据教学目标设计不同情境［单选题］

选项	小计（人）	比例	
非常不同意	0		0
不同意	4		7.27%
同意	36		65.46%
非常同意	15		27.27%
本题有效填写人次	55		—

附表18　第17题　我能不断挖掘和整合教材，在大单元

基础上进行教学设计 [单选题]

选项	小计（人）	比例	
非常不同意	1		1.82%
不同意	4		7.27%
同意	34		61.82%
非常同意	16		29.09%
本题有效填写人次	55	—	

附表19　第18题　我能按照一系列主题进行跨学科教学 [单选题]

选项	小计（人）	比例	
完全不符合	0		0
基本不符合	10		18.18%
基本符合	30		54.55%
完全符合	15		27.27%
本题有效填写人次	55	—	

附表20　第19题　我会根据学科特点和学生差异

灵活运用多种教学方法 [单选题]

选项	小计（人）	比例	
非常不同意	0		0
不同意	3		5.45%
同意	35		63.64%
非常同意	17		30.91%
本题有效填写人次	55	—	

附表21　第20题　我会结合教学内容分层布置作业 [单选题]

选项	小计（人）	比例	
完全不符合	0		0
基本不符合	6		10.91%
基本符合	31		56.36%
完全符合	18		32.73%
本题有效填写人次	55		—

附表22　第21题　我会利用考试测评数据分析来改善

课堂教学的程度是 [单选题]

选项	小计（人）	比例	
不了解，不操作	1		1.82%
了解，基本不操作	12		21.82%
熟练，经常操作	28		50.91%
主动探索利用大数据	14		25.45%
本题有效填写人次	55		—

附表23　第22题　我在教学过程中对信息化手段的

应用情况是 [单选题]

选项	小计（人）	比例	
几乎不用	0		0
用一些	11		20%
用大部分	36		65.45%
全部能用上	8		14.55%
本题有效填写人次	55		—

附表24　第23题　我会根据课堂教学需要合理运用评价
工具检测学生学习效果［单选题］

选项	小计（人）	比例	
非常不同意	0		0
不同意	1		1.82%
同意	34		61.82%
非常同意	20		36.36%
本题有效填写人次	55		—

附表25　第24题　我的课堂学生之间关系和睦，合作良好［单选题］

选项	小计（人）	比例	
非常不同意	0		0
不同意	1		1.82%
同意	33		60.00%
非常同意	21		38.18%
本题有效填写人次	55		—

附表26　第25题　我的课堂师生之间相互尊重，教学关系融洽［单选题］

选项	小计（人）	比例	
非常不同意	0		0
不同意	0		0
同意	31		56.36%
非常同意	24		43.64%
本题有效填写人次	55		—

附表27　第26题　我的教学水平需要提升［单选题］

选项	小计（人）	比例	
非常不同意	0		0
不同意	1		1.82%
同意	39		70.91%
非常同意	15		27.27%
本题有效填写人次	55		—

附表28　第27题　我会指导学生在学习过程中自主探究，

创造性地解决问题［单选题］

选项	小计（人）	比例	
非常不同意	0		0
不同意	1		1.82%
同意	38		69.09%
非常同意	16		29.09%
本题有效填写人次	55		—

附表29　第28题　我的课堂反馈及时，能有效体现人文关怀［单选题］

选项	小计（人）	比例	
非常不同意	0		0
不同意	0		0
同意	37		67.27%
非常同意	18		32.73%
本题有效填写人次	55		—

附表30　第29题　我会根据学生的不同特点进行学法指导［单选题］

选项	小计（人）	比例	
非常不同意	0		0
不同意	1		1.82%
同意	36		65.45%
非常同意	18		32.73%
本题有效填写人次	55		—

附表31　第30题　我在课堂中能培养学生分析和
解决问题的能力［单选题］

选项	小计（人）	比例	
非常不同意	0		0
不同意	1		1.82%
同意	29		52.73%
非常同意	25		45.45%
本题有效填写人次	55		—

附表32　第31题　我在课堂中有效培养了学生的高阶思维能力［单选题］

选项	小计（人）	比例	
非常不同意	0		0
不同意	3		5.45%
同意	39		70.91%
非常同意	13		23.64%
本题有效填写人次	55		—

附表33　第32题　我通过评价发现学生成绩变化
情况及原因的能力［单选题］

选项	小计（人）	比例	
很差	0		0
较差	4		7.27%
较强	40		72.73%
很强	11		20.00%
本题有效填写人次	55		—

附表34　第33题　多少学生喜欢我和我的课堂［单选题］

选项	小计（人）	比例	
完全没有	0		0
很少	0		0
较多	27		49.09%
很多	28		50.91%
本题有效填写人次	55		—

附表35　第34题　我有办法通过各种方式深化学生的学习［单选题］

选项	小计（人）	比例	
非常不同意	0		0
不同意	4		7.27%
同意	40		72.73%
非常同意	11		20%
本题有效填写人次	55		—

189

附表36 第35题 我了解并开展过深度课堂教学［单选题］

选项	小计（人）	比例
非常不同意	1	1.82%
不同意	8	14.55%
同意	30	54.54%
非常同意	16	29.09%
本题有效填写人次	55	—

三、深度课堂教学现状之学生问卷

亲爱的同学：你好！

为全面了解我校课堂教学质量情况，特制订本问卷。请仔细阅读题干，并在你认为最符合实际情况的选项上打钩（每题只能选择一个选项）。本问卷是无记名问卷，我们会保护你的个人隐私。你填写的结果，供本课题组做理论分析，为学校及时改进工作，进一步推动学校的高质量发展提供参考。请放心作答，感谢配合！

你的性别是	男		女	
你现在的年级是	高一	高二		高三
我们听老师在课堂上说起过学科核心素养	完全不符合	基本不符合	基本符合	完全符合
我们明白新高考对高中学习的新要求	完全不符合	基本不符合	基本符合	完全符合
我们的课堂有多个环节并且安排合理	完全不符合	基本不符合	基本符合	完全符合
我们在课堂上经常和老师互动	非常不同意	不同意	同意	非常同意

我们听讲过大单元大概念的课程	非常不同意	不同意	同意	非常同意
我们听讲过某一主题的跨学科课程	完全不符合	基本不符合	基本符合	完全符合
我们的课堂形式是多样化的	非常不同意	不同意	同意	非常同意
全班同学的作业都是一样的	完全不符合	基本不符合	基本符合	完全符合
老师在教学过程中对信息化手段的应用情况是	几乎不用	用一些	用大部分	全部能用上
班级同学关系和睦，合作良好	非常不同意	不同意	同意	非常同意
我们与老师之间相互尊重，师生关系融洽	非常不同意	不同意	同意	非常同意
我认为老师的教学水平还需要提升	非常不同意	不同意	同意	非常同意
我们在学习过程中会自主探究，创造性地解决问题	非常不同意	不同意	同意	非常同意
我们回答问题后老师会及时、有效回应	非常不同意	不同意	同意	非常同意
不同同学会得到老师不同的学法指导	非常不同意	不同意	同意	非常同意
我在课堂上锻炼了分析、综合和评价能力	完全没有	有很少	有较多	有很多
我校的课堂能结合学习、生活和社会的现实情境	非常不同意	不同意	同意	非常同意
我认为多媒体教学的效果	完全没有	不明显	比较明显	非常明显
我认为老师的评价方式方法比较单一	非常不同意	不同意	同意	非常同意

本班老师采取了措施对学习成绩差的学生进行帮扶	非常不同意	不同意	同意	非常同意
科目作业量对我的压力	完全没有	很少	较大	很大
本班老师的教学模式差不多	非常不同意	不同意	同意	非常同意
我的独立思考能力和动手能力	较差	中等	良好	优秀
本班老师会对我们进行人生态度引导和价值观教育	完全没有	很少	较多	很多
本班老师关注并帮助学生适应学习	完全没有	很少	较多	很多
本班老师要求学生进行课前预习	完全不符合	基本不符合	基本符合	完全符合
我得到过老师的学习方法指导	完全没有	很少	较多	很多
本班老师关注学生思维方式培养	完全没有	很少	较多	很多

四、深度课堂教学现状之学生问卷数据分析

附表37　信度分析

样本量（个）	项目数（个）	Cronbach.α系数
145	30	0.916

附表38　第1题　你的性别是［单选题］

选项	小计（人）	比例	
男	52		35.86%
女	93		64.14%
本题有效填写人次	145	—	

附表39 第2题 你现在的年级是［单选题］

选项	小计（人）	比例	
高一	29		20%
高二	66		45.52%
高三	50		34.48%
本题有效填写人次	145	—	

附表40 第3题 我们听老师在课堂上说起过学科核心素养［单选题］

选项	小计（人）	比例	
完全不符合	8		5.52%
基本不符合	7		4.83%
基本符合	91		62.76%
完全符合	39		26.90%
本题有效填写人次	145	—	

附表41 第4题 我们明白新高考对高中学习的新要求［单选题］

选项	小计（人）	比例	
完全不符合	4		2.76%
基本不符合	9		6.21%
基本符合	91		62.76%
完全符合	41		28.27%
本题有效填写人次	145	—	

附表42　第5题　我们的课堂有多个环节并且安排合理［单选题］

选项	小计（人）	比例	
完全不符合	4		2.76%
基本不符合	12		8.28%
基本符合	93		64.14%
完全符合	36		24.82%
本题有效填写人次	145	—	

附表43　第6题　我们在课堂上经常和老师互动［单选题］

选项	小计（人）	比例	
非常不同意	2		1.38%
不同意	14		9.66%
同意	89		61.38%
非常同意	40		27.58%
本题有效填写人次	145	—	

附表44　第7题　我们听讲过大单元大概念的课程［单选题］

选项	小计（人）	比例	
非常不同意	3		2.07%
不同意	19		13.1%
同意	90		62.07%
非常同意	33		22.76%
本题有效填写人次	145	—	

附表45　第8题　我们听讲过某一主题的跨学科课程［单选题］

选项	小计（人）	比例	
完全不符合	9		6.21%
基本不符合	39		26.90%
基本符合	71		48.96%
完全符合	26		17.93%
本题有效填写人次	145		—

附表46　第9题　我们的课堂形式是多样化的［单选题］

选项	小计（人）	比例	
非常不同意	5		3.45%
不同意	23		15.86%
同意	87		60.00%
非常同意	30		20.69%
本题有效填写人次	145		—

附表47　第10题　全班同学的作业都是一样的［单选题］

选项	小计（人）	比例	
完全不符合	2		1.38%
基本不符合	8		5.52%
基本符合	70		48.27%
完全符合	65		44.83%
本题有效填写人次	145		—

附表48　第11题　老师在教学过程中对信息化手段的应用情况是［单选题］

选项	小计（人）	比例	
几乎不用	2		1.38%
用一些	37		25.52%
用大部分	76		52.41%
全部能用上	30		20.69%
本题有效填写人次	145	——	

附表49　第12题　班级同学关系和睦，合作良好［单选题］

选项	小计（人）	比例	
非常不同意	7		4.83%
不同意	10		6.90%
同意	80		55.17%
非常同意	48		33.1%
本题有效填写人次	145	——	

附表50　第13题　我们与老师之间相互尊重，师生关系融洽［单选题］

选项	小计（人）	比例	
非常不同意	3		2.07%
不同意	3		2.07%
同意	80		55.17%
非常同意	59		40.69%
本题有效填写人次	145	——	

附表51　第14题　我认为老师的教学水平还需要提升［单选题］

选项	小计（人）	比例	
非常不同意	5		3.45%
不同意	18		12.41%
同意	97		66.9%
非常同意	25		17.24%
本题有效填写人次	145	—	

附表52　第15题　我们在课堂会自主探究，创造性地解决问题［单选题］

选项	小计（人）	比例	
非常不同意	3		2.07%
不同意	16		11.03%
同意	93		64.14%
非常同意	33		22.76%
本题有效填写人次	145	—	

附表53　第16题　我们回答问题后老师会及时、有效回应［单选题］

选项	小计（人）	比例	
非常不同意	2		1.38%
不同意	2		1.38%
同意	92		63.45%
非常同意	49		33.79%
本题有效填写人次	145	—	

附表54　第17题　不同同学会得到老师不同的学法指导［单选题］

选项	小计（人）	比例	
非常不同意	7		4.83%
不同意	22		15.17%
同意	93		64.14%
非常同意	23		15.86%
本题有效填写人次	145	—	

附表55　第18题　我在课堂上锻炼了分析、综合和评价能力［单选题］

选项	小计（人）	比例	
完全没有	1		0.69%
有很少	38		26.20%
有较多	77		53.10%
有很多	29		20.00%
本题有效填写人次	145	—	

附表56　第19题　我校的课堂能结合学习、生活和

社会的现实情境［单选题］

选项	小计（人）	比例	
非常不同意	3		2.07%
不同意	13		8.97%
同意	100		68.96%
非常同意	29		20.00%
本题有效填写人次	145	—	

附表57　第20题　我认为多媒体教学的效果 [单选题]

选项	小计（人）	比例	
完全没有	1		0.69%
不明显	16		11.03%
比较明显	88		60.69%
非常明显	40		27.59%
本题有效填写人次	145		—

附表58　第21题　我认为老师对学生的评价方式方法比较单一 [单选题]

选项	小计（人）	比例	
非常不同意	7		4.83%
不同意	59		40.69%
同意	65		44.83%
非常同意	14		9.65%
本题有效填写人次	145		—

附表59　第22题　本班老师采取了措施对学习成绩差的
学生进行帮扶 [单选题]

选项	小计（人）	比例	
非常不同意	5		3.45%
不同意	25		17.24%
同意	86		59.31%
非常同意	29		20.00%
本题有效填写人次	145		—

附表60　第23题　科目作业量对我的压力［单选题］

选项	小计（人）	比例	
完全没有	1		0.69%
很小	18		12.41%
较大	102		70.35%
很大	24		16.55%
本题有效填写人次	145	—	

附表61　第24题　本班老师的教学模式差不多［单选题］

选项	小计（人）	比例	
非常不同意	4		2.76%
不同意	69		47.59%
同意	66		45.51%
非常同意	6		4.14%
本题有效填写人次	145	—	

附表62　第25题　我的独立思考能力和动手能力［单选题］

选项	小计（人）	比例	
较差	7		4.83%
中等	67		46.21%
良好	56		38.62%
优秀	15		10.34%
本题有效填写人次	145	—	

附表63 第26题 本班老师会对我们进行人生态度

引导和价值观教育［单选题］

选项	小计（人）	比例	
完全没有	1		0.69%
很少	22		15.17%
较多	77		53.10%
很多	45		31.04%
本题有效填写人次	145		—

附表64 第27题 本班老师关注并帮助学生适应学习［单选题］

选项	小计（人）	比例	
完全没有	2		1.38%
很少	23		15.86%
较多	74		51.03%
很多	46		31.73%
本题有效填写人次	145		—

附表65 第28题 本班老师要求学生进行课前预习［单选题］

选项	小计（人）	比例	
完全不符合	2		1.38%
基本不符合	0		0
基本符合	85		58.62%
完全符合	58		40.00%
本题有效填写人次	145		—

附表66　第29题　我得到过老师的学习方法指导［单选题］

选项	小计（人）	比例	
完全没有	4		2.76%
很少	44		30.34%
较多	70		48.28%
很多	27		18.62%
本题有效填写人次	145	—	

附表67　第30题　本班老师关注学生思维方式的培养［单选题］

选项	小计（人）	比例	
完全没有	6		4.14%
很少	22		15.17%
较多	74		51.03%
很多	43		29.66%
本题有效填写人次	145	—	

五、调研分析报告

2017年9月中共中央办公厅、国务院办公厅印发了《关于深化教育体制机制改革的意见》，明确指出培养创新能力，激发学生好奇心、想象力和创新思维，养成创新人格，鼓励学生勇于探索、大胆尝试、创新创造。2019年6月，国务院办公厅印发《关于新时代推进普通高中育人方式改革的指导意见》，突出强调深化课堂教学改革，关注影响课程实施的关键问题，增强改革的综合性，增强课程的生机与活力。2020年9月，中央八部委联合出台的《关于进一步激发中小学办学活力的若干意见》，要求建立健全以发展素质教育为导向的学校办学质量评价体系。

党和国家出台的这些文件对中国基础教育的改革发展具有方向性指导作用。"核心素养""素质教育""实践能力"等均是这些政策文件中的高频词，这些词语都指向培养学生的核心素养。我们教育工作者要把培养学生的核心素养作为重要工作来抓，对学校而言，培养核心素养最好的阵地就是课堂。而深度课堂教学模式是培养学生核心素养、推动学生深度学习的方式之一。

基于此，本课题组于2022年初以汕尾市林伟华中学教师、学生对核心素养下的深度课堂的理解、认识和操作为研究对象，分别编制了"教师问卷"和"学生问卷"。结合调查问卷，我们试图以教师、学生不同主体为切入点，解析汕尾市林伟华中学课堂现状，解决课堂问题以提升教学质量，促进学生综合实践能力的发展。

（一）问卷设计与说明

1. 抽样情况

本次研究的对象主要是汕尾市林伟华中学全体教师、学生，总体数量近3000名，基数大，逐一调查不现实，亦无法保证时效，因而，我们选取55名老师（各科组长、年级备课组长、一线教师等）和145名学生为样本进行问卷调查，着眼师生的代表性和普及性，手机定点扫描二维码发放问卷。以1天为限，本问卷有效填写人次为200人。参与本次调查的师生情况如附表68所示。

附表68　学生年级分布情况统计

选项	小计（人）	比例	
高一	29		20.00%
高二	66		45.52%
高三	50		34.48%
本题有效填写人次	145		—

附表69　教师年级分布情况统计

选项	小计（人）	比例	
高一	18		32.73%
高二	23		41.82%
高三	14		25.45%
本题有效填写人次	55		—

附表68样本显示，调研涵盖高一、高二、高三。其中高一29人，占比20.00%；高二66人，占比45.52%；高三50人，占比34.48%。高一入学刚过一个学期，对课堂教学认知不如高二、高三学生深刻，而高三处于高考备考阶段，训练课、复习课较多，因此参加问卷的学生以高二为主。附表69样本显示，调研涵盖高一、高二、高三。其中高一18人，占比32.73%；高二23人，占比41.82%；高三14人，占比25.45%。因此，我们认为，本次调研能够真实反映汕尾市林伟华中学师生深度课堂有效开展的分布比例，样本数据的代表性有扎实的数据支撑。

2.调研核心问题

本次调研的核心问题是:汕尾市林伟华中学核心素养背景下深度课堂现状。基于此,问卷设计以课堂现状为切入点,从学生、教师两个角度来展开调研,在具体了解学生课堂感受、教师课堂操作、教学效果等基本情况的基础上,着力从实践和数据两方面呈现影响因子。

（二）调研分析

本调查问卷以"课堂现状"为研究对象,教师是当然的主体,对于调查对象的基本能力情况,问卷从年龄、教龄、职称、学历、任教科目5个方面展开。调研涵盖各方面各阶段教师。具体情况见附表70。

附表70　教师年龄分布情况统计

选项	小计（人）	比例
25岁及以下	1	1.82%
26～30岁	9	16.36%
31～35岁	15	27.28%
36～40岁	12	21.82%
41～45岁	9	16.36%
46～50岁	5	9.09%
51～55岁	3	5.45%
56岁及以上	1	1.82%
本题有效填写人次	55	—

附表71　教师教龄分布情况统计

选项	小计（人）	比例	
5年及以下	11		20.00%
6～10年	12		21.82%
11～15年	13		23.64%
16年及以上	19		34.54%
本题有效填写人次	55	—	

附表72　教师职称分布情况统计

选项	小计（人）	比例	
二级教师	18		32.73%
一级教师	22		40.00%
高级教师	14		25.45%
正高级教师	1		1.82%
本题有效填写人次	55	—	

附表73　教师学历分布情况统计

选项	小计（人）	比例	
大专	0		0
本科	39		70.91%
硕士	16		29.09%
博士	0		0
本题有效填写人次	55	—	

附表74　教师任教科目分布情况统计

选项	小计（人）	比例	
语文	8		14.55%
数学	11		20%
外语	5		9.09%
政治	2		3.64%
历史	8		14.54%
地理	4		7.27%
物理	7		12.73%
化学	5		9.09%
生物	4		7.27%
音乐	1		1.82%
美术	0		0
体育	0		0
信息技术	0		0
本题有效填写人次	55		—

　　35～45岁的教师是课堂教学主体，后备力量充足。

　　参与问卷的教师中，工作11～15年者占23.64%，工作16年以上者占34.55%。这些教师，一般在35～45岁，特别是年龄以30～45岁中青年教师占比超过50%，他们拥有丰富的教学经验，是行业主体。工作10年以下者占41.82%。注重青年教师培养，也是深度课堂有效开展的方向之一。

高学历教师占比明显，职业发展合理。

九大学科教师均参加本次问卷调查，教师学历本科、硕士研究生比例达到7∶3，教师队伍结构良好。在教师职业发展上，我校二级教师18人，占比32.73%，一级教师22人，占比40.00%，高级教师14人，占比25.45%，正高级教师1人，占比1.82%。从汕尾市林伟华中学岗位聘用情况来看，我校目前现聘人员237人，其中，初级岗位聘用68人，比重为28.7%，中级岗位聘用97人，比重为40.90%，副高级岗位聘用60人，比重为25.3%，正高级岗位聘用3人，比重为1.3%。两相对比，问卷样本的分布情况与教师岗位聘用情况是吻合的。

六、深度课堂理论形成与实践探索的图片资料

（一）课题组进行研讨活动

附图1

附图2

（二）各备课组对"三学三思"深度课堂教学模式进行研磨

附图3

附图4

（三）"一主三层"本校深度课堂教学比赛

1. 语文深度课堂教学

附图5

2. 数学深度课堂教学

附图6

3. 英语深度课堂教学

附图7

4. 历史深度课堂教学

附图8

5. 英语—音乐跨学科深度课堂教学

附图9

6. 其他学科深度课堂教学活动

附图10

（四）校际交流活动

1. 汕尾市林伟华中学和海丰县林伟华中学

附图11

2. 汕尾市林伟华中学和河田中学

附图12

3. 汕尾市林伟华中学和海丰县海城镇第三中学

附图13

参考文献

［1］王峰.核心素养导向的高中化学教师课程实践力提升路径研究
　　［D］.上海：华东师范大学，2020.

［2］MARTON F, SALJO R . On qualitative difference in learning：
　　I −outcome and process［J］. British Journal of Educational
　　Psychology, 1976, 46（1）: 4–11.

［3］EGAW K. "Learning in Depth" in teaching education［J］.
　　Teaching Education, 26（3）: 288–293.

［4］郭元祥.论深度教学：源起、基础与理念［J］.教育研究与实
　　验，2017（3）：1–11.

［5］姚林群，郭元祥.新课程三维目标与深度教学：兼谈学生情
　　感态度与价值观的培养［J］.课程·教材·教法，2011，31
　　（5）：12–17.

［6］印志.基于深度教学理念下高中地理教学策略探索［J］.华夏
　　教师，2019（12）：59–60.

［7］郭华.深度学习及其意义［J］.课程·教材·教法，2016，36
　　（11）：25–32.

［8］陶桂芳.核心素养视域下思想政治课深度教学问题研究［D］.
　　芜湖：安徽师范大学，2020.

［9］伍远岳.论深度教学：内涵、特征与标准［J］.教育研究与实验，2017（4）：58-65.

［10］MARCHESANI L S，ADAMS M. Dynamics of diversity in the teaching-learning process：a faculty development model for analysis and action［J］. New Directions for Teaching & Learning，1992（52）：9-20.

［11］阮慧芳.基于"素养为本"的高中化学深度教学策略研究［D］.上海：华中师范大学，2021.

［12］DEWSBURY B M. Deep teaching in a college STEM classroom ［J］. Cultural Studies of Science Education，2020，15（1）：169-191.

［13］JENSEN E，NICKELSEN L. 深度学习的 7 种有力策略［M］.温暖，译.上海：华东师范大学出版社，2010.

［14］SMITH T W，COLBY S A. Teaching for deep learning［J］. The Clearing House：A Journal of Educational Strategies Issues and Ideas，2007，80（5）：205-210.

［15］GUNDERMAN R. Deep questioning and deep learning［J］. Academic Radiology，2012，19（4）：489-490.

［16］WILSON R. Deep teaching［J］.Encounter，2003：25-27.

［17］ERGAS O. The deeper teachings of mindfulness-based "interventions" as a reconstruction of "education"［J］. Journal of Philosophy of Education，2015，49（2）：203-220.

［18］郭元祥.知识的性质、结构与深度教学［J］.课程·教材·教法，2009，29（11）：17-23.

［19］黄清辉，张贤金，吴新建.高中化学课堂深度教学的实践与探索［J］.教学与管理，2019（22）：64-66.

［20］陈齐荣，邹雯.深度教学研究综述的启示［J］.教育观察，2020，12（9）：31-33.

［21］罗祖兵.深度教学："核心素养"时代教学变革的方向［J］.课程·教材·教法，2017（4）：20-26.

［22］安富海.促进深度学习的课堂教学策略研究［J］.课程·教材·教法，2014，34（11）：57-62.

［23］郭元祥，课堂教学改革的基础与方向：兼论深度教学［J］.教育研究与实验，2015（6）：1-6.

［24］李松林.深度教学的四个实践着力点：兼论推进课堂教学纵深改革的实质与方向［J］.教育理论与实践，2014，34（31）：53-56.

［25］陈琳.核心素养导向的课堂深度教学策略［J］.中国农村教育，2019（20）：38-39.

［26］张晓娟，吕立杰.SPOC平台下指向深度学习的深度教学模式建构［J］.中国电化教育，2018（4）：96-101.

［27］彭涛，丁凌云.混合学习环境下基于学习分析技术的深度教学模式研究［J］.继续教育研究，2017（9）：123-125.

［28］BIGGS J B，COLLIS K F.学习质量评价SOLO分类理论［M］.高凌飚，等，译.北京：人民教育出版社，2010.

［29］诸宏启.核心素养的概念与本质［J］.华东师范大学学报（教育科学版），2016（1）：1-3.

［30］中华人民共和国教育部.普通高中化学课程标准［M］.北

京：人民教育出版社，2017.

[31] 罗伯特，约翰，马扎诺，等.教育目标的新分类学［M］.高凌飚，吴有昌，苏峻，译.2版.北京：教育科学出版社，2019.

[32] 安德森.学习、教学和评估的分类学［M］.皮连生，译.上海：华东师范大学出版社，2008.

[33] 埃里克森，兰宁.以概念为本的课程与教学：培养核心素养的绝佳实践［M］.鲁效孔，译.上海：华东师范大学出版社，2018.

[34] 威金斯，麦克泰格.追求理解的教学设计［M］.闫寒冰，宋雪莲，赖平，译.2版.上海：华东师范大学出版社，2017.

[35] 威金斯，麦克泰.理解为先模式：单元教学设计指南（一）［M］.盛群力，沈祖芸，柳丰，译.福州：福建教育出版社，2018.

[36] 杨九诠.三维目标：核心素养的分析框架［J］.上海教育科研，2021（1）：1.

[37] 喻平.发展学生学科核心素养的教学目标与策略［J］.课程·教材·教法，2017，37（1）：48–53，68.

[38] 罗日叶.整合教学法：教学中的能力和学业获得的整合［M］.汪凌，译.2版.上海：华东师范大学出版社，2010.

[39] 纪九利.中国普通高中物理教材的历史演变及现实启示［D］.重庆：西南大学，2001.

[40] 贺子刚.改革开放以来人教版高中历史教科书演变与发展论析［D］.上海：上海师范大学，2008.

[41] 朱兰花.高中新旧政治教材对比［D］.上海：华东师范大

学，2011.

［42］张志祥，王颖，赵沛荣."目标—情境—问题—活动—评价"教学模式的实践与应用：以"探究细胞膜的结构"为例［J］.中学生物学，2019，35（12）：21-24.

［43］刘徽.大概念教学：素养导向的单元整体设计［M］.北京：教育科学出版社，2022.

［44］何佳璐.论深度教学的"三观"：知识观，学习观，教师观［J］.中小学教材教学，2022（3）：21-25，54.

［45］郭元祥，马友平.学科能力表现：意义、要素与类型［J］.教育发展研究，2012，37（22）：29-34.

［46］李日刚.指向深度学习的高中信息技术课程形成性评价研究［J］.文渊（中学版），2021（12）：4503.

［47］EARL L M. Assessment as learning：using classroom assessment to maximize student learning［M］. 2nd ed. Thousand Oaks，CA：Corwin，2013.

［48］罗日叶.学校与评估：为了评估学生能力的情境［M］.汪凌，周振平，译.上海：华东师范大学出版社，2011.

［49］范梅里恩伯尔，基尔希纳.综合学习设计［M］.盛群力，陈丽，王文志，等，译.2版.福州：福建教育出版社，2015.